暮らし彩る「大人のままごと」

松本孝美

はじめに

小さな頃から何か作ることが好きでした。
子どもの頃はペーパーフラワー作りに熱中していたし、
高校生の頃からは手芸にも興味を持つようになりました。
料理をするようになったのは大人になってからですが、
今では保存食や、簡単ですが調味料なども作るようになりました。
でも本当は作るということより、何を作ろうかと
アイデアを考えるのがいちばん好きなのかもしれません。
オンリーワンの完成形を目指して、いつも見切り発車ですが、

なんとか形にしていく作業がおもしろい。
ＨＥＲＳでの連載「孝美暮らし」では自分の中の思いつきに任せて
毎月のテーマを楽しんできました。
まるで〝ままごと〟のように好奇心の赴くまま、
手芸やリメイク、料理に雑貨、
専門の方々に教えていただいた習いごと……。
よくもまあ４年も続いたと自分でもびっくりしています。
改めてまとめてみたら、とても楽しい本になりました。
元来の見せたがり、褒められたがりもあるのでしょうが、
読者の方々に一緒に楽しんでいただけたら、
そして日々の暮らしの中の
ちょっとしたアイデアになったら嬉しく思います。

暮らし彩る「大人のままごと」

目次

第2章

第4章

※本書に出てくる商品、お店等のデータは、2015年12月から2020年7月現在のものです。ただし、掲載の店舗などの情報については公式サイトなどで最新情報をご確認ください。

「大人のままごと」
時間を彩る
10のもの・こと

1. 体と心に心地よいごはん

私の作る料理は、
素材の味がわかるシンプルなもの。
そこに食感や旨みを増すトッピングや
最終的に味が決まる工夫を
ありものでしていくのが私流。
季節を感じながら、誰かと一緒に。
「何を食べよう」はもちろんのこと、
心躍るのは
「何をどうやって作ろうか」
ということ。

2. 手仕事のために集めるパーツ

ふらりと立ち寄った雑貨屋さん、
時にはクローゼットの整理で。
ボタンやスタッズ、
スカーフに造花……。
何か作れそうなパーツを集めては
瓶や箱にストック。
ある日突然、
「これに使える！」と
アイデアがおりてくる瞬間が楽しい。

3. みんなが喜んでくれる笑顔

贈り物を渡す時、
楽しさを共有したくて
ラッピングや、
一緒に添えるメッセージにもこだわります。
その人を思い浮かべて選んだギフトに
その人の趣味や嗜好を
反映させた「らしさ」を大切に。
くすっと笑ってもらえたら、
何より嬉しいです。

4. 心がキュンとするもの

小さくて可愛い、
そこにおもしろみがあるものが好み。
気がつくとずいぶん集まりました。
インテリアやテーブルコーディネートに
ちょこんと加えると
いつもの風景が
どこか楽しく
潤って見える気がします。

5. 頭の片隅にはリメイク魂

服や小物を、
自分好みにリメイクや
カスタマイズをして、
自分だけのお気に入りとして
復活させています。
毎日の暮らしの中で、
頭の片隅にアイデアを
ちょっとずつためていき、
素材の組み合わせや
配色を考える時間は
何にも代えがたい至福の時間。

6.
逆らわず、抗わず、いつも自然体

歳を重ねていくことに
必要以上に抗わない。
体、心の変化はもちろんあるけれど、
ネガティブに対処するのではなく、
上手に心地よく付き合っていく方法で。
同じ時間を過ごすなら、
自分の「大好き」に囲まれて
癒されながら、
自分時間を大切に過ごしていきたい。

7. おいしいものには妥協しない

朝起きるのが楽しみになるおめざ。
朝食とはまた別のもので、
前の晩に甘いものを我慢した時や、
お気に入りの甘味を取り寄せた時など、
朝食代わりに頂くのは
自分だけの密かな楽しみ。
日々のささやかな潤い。

https://www.oncafe-pickup.com/

8. 好きなものは とことん 追求する

自分の中で何か一つ決まると、
集めたり、自分でも作ってみたり、
長く愛用したり、
知識を深めたりという
工程を楽しみます。
手芸のみならず、
今愛用している雑貨も
そんな私の中で、
すとんと決まったものばかり。

9. 好奇心に 素直に 生きる

興味を持ったら、
自分でまずは実践。
いろいろな方法を探り、
もっと追求したくなったら、即行動。
プロの先生方に教えていただきます。
自分の力だけでは見えなかった世界が
一気に広がっていくような、
大人になっても
そんな好奇心を大切に。

10. 四季を楽しむ

料理やインテリア、
贈り物のラッピングなどに
季節感を加えることで、
まわりの人との
共通の会話が生まれます。
私の場合、
一つ一つどれも偏愛がすぎるので、
葉の一枚までがコミュニケーションの緩衝材に
なっているのかもしれません。

第1章

毎日が手仕事

いつの間にか
使わなくなってしまったスカーフ、
服についていたボタンやファー、
贈る相手を思いながらの
ギフトやラッピング……。
今度はどんなものにしようかな、と
思い巡らすことが楽しい、
夕食後の手仕事時間。

楽しみは手仕事から始まる

手芸というかリメイクというか、
思いついたものを形にする手仕事は
趣味のなかでもいちばん楽しい時間です。
作り始める前から、ああしよう、こうしようと
考えるのが楽しいんですよね。
そうなると一日のうちのかなりの部分を
妄想に費やしてしまうほど(笑)。
じっくり考えたら、次は素材探し。

タンスの中に眠っているものを利用して
それに必要なものを組み合わせるのがいつものスタイルです。
身近なものでできると満足感もひとしおですし……。
といってもほっこりが好きではないので、
どこか遊び心やキレのあるものを目指します。
ブランドのコレクションなどもアイデアのソースになります。
ポンポンも大きく作ったらモードになる。
色合わせを考えていたら無限にアイデアが湧いてきます。
せっかく作ったものだから愛着があるし、活用したい。
そして親しい友人へのプレゼントにも……。
「どこで買ったの？」と言われるのが
いちばんの褒め言葉かもしれません。

スカーフのバッグ活用法

大好きなスカーフの有効利用法を見つけました

きれいな色やプリントが楽しめるスカーフが好きで、海外に出かけた際や、日本でもブランドショップをはじめデパートなどものぞいて、必ずチェック。好みの色柄を見つけるとついつい買ってしまうんですが、実はそれほど使えてないんです。さりげなく身につけるのが意外に難しくて。せっかく集まったスカーフをなんとか使いたくて思いついたのがバッグにリメイクするという方法。カゴやネットなどのカジュアルなバッグと組み合わせるだけでぐんと華やかに。

それにスカーフがあることで、レザーの小物がカゴバッグに擦《こす》れて傷ついたりするのを防ぐことも。身につけている時よりバッグのインナーやカバーにすることで、好みの色柄を存分に見て楽しめるのがいいんです。柄の見え方を考えながらコーディネートするのが楽しい。最近ではバッグにしたくてスカーフを買うほどハマっています（笑）。

シルクスカーフならではのリッチな風合いと美しい色と柄を最大限に楽しみながらリメイクに利用。クローゼットに眠っていたヴィンテージが見事に蘇るのが嬉しい。

ワンハンドルのカゴバッグの中に、こちらはグッチのヴィンテージスカーフを入れて中袋のようにリメイク。カゴのまわりに好みの絵柄が見えるように配置するのがポイント。

1

2

1　カジュアルなフィッシュネットバッグの内側にイン。ストラップの部分に端をリボンのように結んで華やかに。メッシュとスカーフの配色も腕の見せどころ。

2　スカーフの四隅《よすみ》を結んで、風呂敷用のレザーストラップや古くなって解体したバッグの持ち手をつけるだけでハンドバッグが完成。差し色感覚で使いたいので、色や柄のキレイなものが映えると思います。旅先などではエコバッグ代わりに使えて、とても便利なんです。

旅の時の荷物の仕分けにはスカーフを風呂敷代わりに。市販のネット袋でもいいけれど、キレイな色柄だからトランクを開けた時に気分がいいんです。現地ではスカーフとして使えるし、手に持つ用の気軽なバッグにもなります。一度に3〜4枚は使っています。

テーブルウェアのお店IN MY BASKETで購入したモロッコのカゴバッグは一年を通して愛用しているもの。夏の間はコットンの布をかぶせて使っていましたが、寒くなってきたらファーにチェンジ。ハンドルの黒に合わせてファーも黒のミンクを選びました。

ファーで小物リメイク

モコモコ可愛い冬小物を簡単に作るのが楽しい

市販の小物にひと工夫して自分だけのカスタマイズを楽しんでいます。冬の時期にハマっているのがファーを使ったリメイク。ユザワヤやオカダヤなどの手芸店やネットで見つけた毛皮の端切れやパーツを使って、バッグやシューズと組み合わせればあっという間にモコモコ可愛い冬仕様に変身します。リメイクといっても作り方はとても簡単です。サイズを合わせたファーを裁縫用の接着剤や皮革用接着剤、時には安全ピンで留めるだけ。作り方とは言えないほどの簡単さです。それでもどこで買ったの？と聞かれることもたびたび（笑）。使うファーはフォックスやムートンなどのリアルファーに加えて、最近ではフェイクファーもいいものが多く出回ってきているので、特に用途を決めずに気に入ったものを見つけた時に買っておきます。それを眺めて次に何を作ろうかと考えるのがまた楽しいんです。

手持ちのカゴバッグを
リッチなファーで可愛く
冬仕様に

まずはミンクとコットン地を裁縫用ボンドで貼り合わせ、コットンリボンは布地のほうに同じく貼り付け。リボンを4カ所につけて、バスケットのハンドルに結びます。荷物が見えないようにフラップにしたいので、少し大きめサイズにするのがポイントです。

1

1 布製のシンプルなトートバッグには毛足の長いムートンファーが好相性。温かみとほどよいカジュアルさのバランスがよく合います。ムートンの毛の流れを見て、下に向く位置でつけるとしっくり馴染みます。ファーの上の部分を開けておけばポケットになります。

2 ザ・ノース・フェイスのスノーブーツは冬の必需品。キーホルダーや携帯ストラップについていたフォックスファーのポンポンを取り外して安全ピンでつければタウンユースに。ファーは一つでも2種類組み合わせても可愛い。

2

可愛くてラグジュアリーな
ファーバッグをカスタマイズ

冬のお出かけにぴったりなのがモコモコのファーをストラップにあしらったミニバッグ。アマゾンで見つけたストラップにフォックスファーの端切れを接着剤でつけただけなのに、どこかのブランド物？ と思わせる上々の仕上がりに自分でもにんまり。

自分流に楽しむ服のおしゃれ

私にとって、幸せ度数が上がる最高の趣味かもしれません

お気に入りだったけれど飽きてしまった服や市販の服にひと工夫して自分流にリメイク。夏場は素材が軽くなり、扱いやすくなるので、気軽にチャレンジすることができます。例えば、シンプルなTシャツの袖口にレースをつけてみたり、ビーチサンダルにアクリル毛糸で作ったポンポンをつけてルームシューズ代わりにしたり……。思いどおりに仕上がった時や、「どこで買ったの?」などと聞かれようものなら、その日一日いい気分(笑)。実際は作業するよりも素材の組み合わせや配色を考えるのが好き。ただ、リメイクする元のものをケチって安物を買ってしまうと、いくら上手に作ってもチープに見えてしまう危険性が……。素材など納得できるものを使うのが唯一のコツでしょうか。いいものを買って存分に楽しんだあとに、リメイクして再び楽しむくらいの塩梅《あんばい》がちょうどいいのではないかと思っています。

カジュアルな夏服は気軽にリメイクできるのが嬉しい

GAPのメンズ用霜降りスウェットをリメイクして夏仕様に。まず両袖を半袖丈に切ってから、肩口部分に薄めの肩パッドを入れて端を折り込んで縫いつければ完成。切りっぱなしにするよりもきちんと感が少しだけ増してラフに見えない。普段着に大活躍です。肩パッドはオカダヤで購入。切った両袖の残りをどうしようか思案中です(笑)。

上質素材をリメイクするのがチープに見えないコツ

3年ほど着た黒のシンプルなビッグTシャツの袖部分にレースを縫いつければ、ちょっぴりフェミニンなニュアンスが加わって、また違った表情に着こなすことが可能に。レースは、コットンレースのロングジャケットを短くリメイクした際に出たものを利用。

とっておきパーツで自分好みに

作ってすぐに使わず愛でる（笑）。思うように変えられるのが楽しい

晩ごはんを食べてお風呂にも入って、あとは寝るだけというくつろいだひととき。リメイク作業を始めるのは決まってそんな時間帯。普段、「これ、何かに使える！」となんとなく集めておいた品々を眺めているうちにふとひらめいて突然スイッチが入り、手芸タイムに突入します（笑）。メンズのシャツを自分好みに作り直したり、気に入ったパーツ類をアクセサリーや小物に生まれ変わらせたりする作業は、一度始めてしまうと途中でやめるのがもったいないほど。リメイクは素材ありき。パーツになるビジューやワッペンなどを集めておくとイメージが膨らみます。見切り発車で始めて、作っているうちに違うものになったりするのもリメイクのおもしろさ。ＺＡＲＡや無印良品のものをベースに、気軽にトライすることが多いですね。思いどおりに完成したものは、すぐに使わずにまず愛《め》でる（笑）。世界に一つの自分好みの一品は、愛着もひとしおです。

**気に入ったモチーフは
トレースしてから
アップリケにして利用**

IKEAで買ったトレイに描かれていたトナカイの模様が可愛くて、なんとか他に使えないかと考えた結果、大ぶりのキルティングバッグを作ってそれにつけることを思いつきました。バンブーの持ち手にして完成度もアップ。

1　ZARAはパーツの宝庫。リメイクする気満々でセールをチェックして見つけたワンピースの胸元のビジューをチョーカーに。切り取ってビーズとスパンコールを足し、土台をつけ、切りっぱなしのチェック生地をあしらって。

2　夏に活躍中のテバのスポーツサンダルに、スタッズをつけて大人仕様にリメイク。テープスタッズをサンダルのストラップの幅に切り、強力接着剤でつけるだけ。テープスタッズはオカダヤで購入。ストラップと同色でまとめるとチープにならず、うまくいくような気がします。

3　ZARAホームのセールで見つけたコットン製のランチョンマット。ベージュの色味としっかりとした素材感、ふち飾りとのバランスがいいので、両脇だけ縫ってきんちゃく型ポーチにリメイク。旅行や撮影の時などに重宝しています。

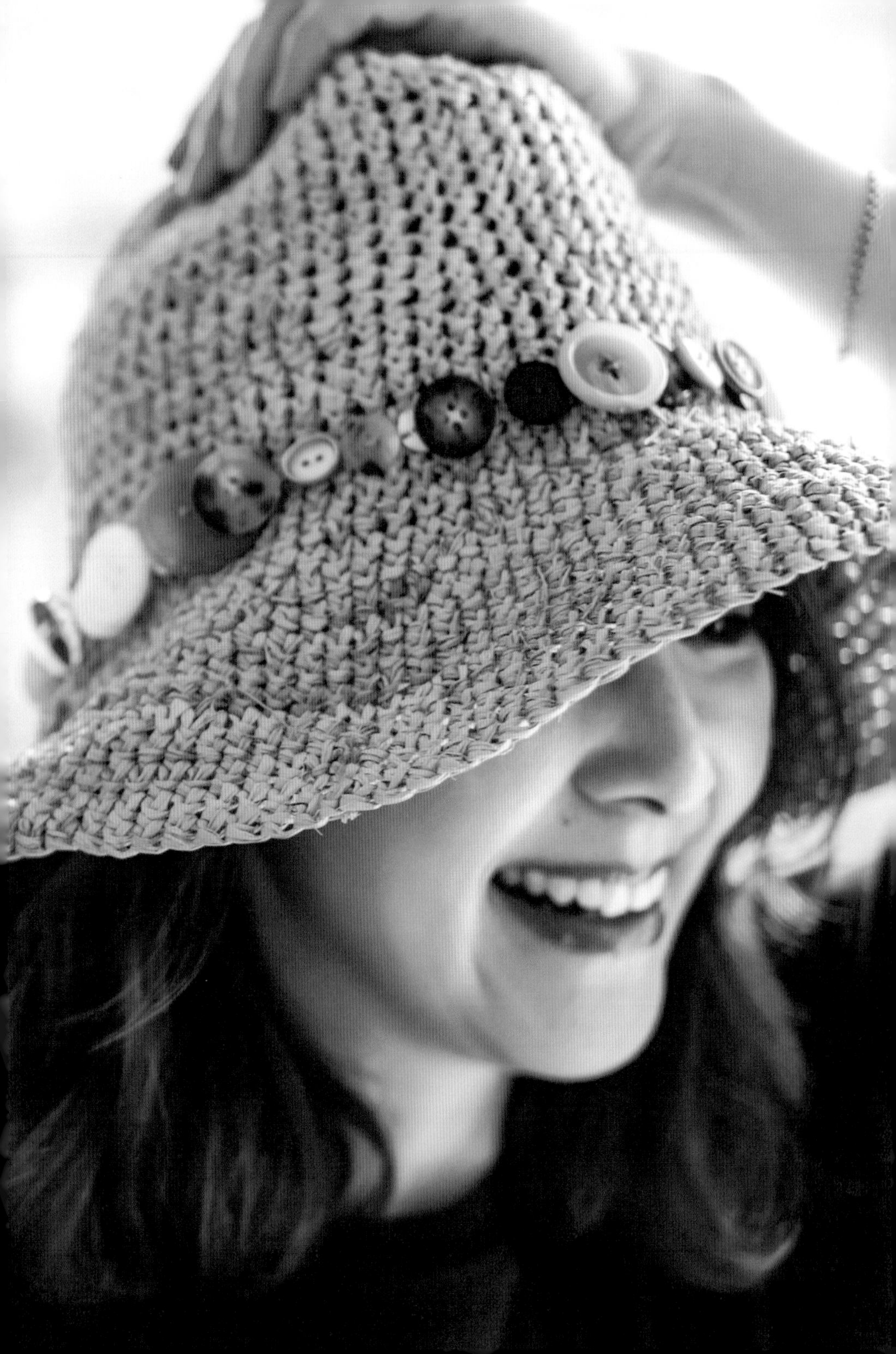

宝の持ち腐れに
ならないように増えたボタンで
帽子用の帯を作製

服を買うとついてくる替えボタンの種類がずいぶん増えたので、テグス風のビーズ用透明アクリルゴムに通して、帽子につけるアクセサリーを作ってみました。アクリルゴムは伸縮性があるので、どんなタイプの帽子にも合わせることができてとても便利です。

暮らしに馴染む私だけのタッセル

自宅で楽しむタッセル作りは脱ほっこりを目指します

昔からポンポンというかフサフサのタッセルが意味もなく好きなんです（笑）。巨大な毛玉のようなモフモフのタッセルは手触りがよくて、どこかキャラクター感覚なのかも（笑）。自分用に作るようになったのは、思いつきでビーチサンダルにつけたらことのほか可愛かったから。市販のタッセルメーカーを見つけたこともあって、それ以来、毛糸を買い込んでちょっと時間が空いた時などに作っています。作り方は、基本3色の毛糸をタッセルメーカーにクルクルと巻きつけて中心を縛り両端を切り揃えればタッセルに。タッセルを作りながら、配色を考えるのがいちばん楽しいんです。色とりどりに太い毛糸と細い毛糸をミックスしたり、ラメを交ぜると表情が豊かに。大きめに作っておくと、そのままドアチャームにしたり、トートバッグやルームシューズにつけたり、クッションにあしらったりと、アレンジできるアイテムは意外に豊富です。

室内履き代わりのビーサンに
カラフルなポンポンで遊び心を

夏の間、室内履き代わりにしているビーチサンダル。アクリル毛糸を2〜3色取り合わせてポンポンを作り、鼻緒の部分にタッセルのようにつけてみました。ラメの糸をプラスするのもいい感じ。アクリル毛糸はたわしを作った残り（笑）。バランスを見ながら配色を考えるのが楽しいんです。

モード感のあるタッセルをインテリアの小物に加えて

こちらもすぐにできるアレンジ。とにかく反対色でインパクトのあるタッセルを作りたくて。一つ作ってみて、シンプルなクッションに合わせてみたら、意外にも遊び心が増して、ぐんと表情豊かに。コツコツと仲間たちを増やしました。モードっぽい配色を意識して作ると売り物になっちゃうかも（笑）と自己満足しています。

Column 1

リメイクアイデア見本帖

アイデアを思いついた時に、すぐに手芸タイムに突入できるよう、いつも使う道具やパーツは、見やすく取り出しやすいように箱や瓶に入れています。収納するケースも無機質なものよりも、味があるものが好み。少し懐かしい感じのする籐《とう》の手付きバスケットを裁縫箱として愛用。持ち運びにとても便利です。メイソンジャーは、中が見えるのでカラフルなリボンや端切れを入れておくのにぴったり。大切な時間をつつがなく後押ししてくれる道具も、やはり一つ一つ愛着があるものなのです。

いつもそばにある道具

2

1

3

1.2.ミシン用の糸や刺繍用の糸、種類別に各色取り揃えておくことで、思い立ったらすぐに作業することができます。収納は気に入ったお菓子の箱やアンティーク生地で作られた茶碗袋に。3.ファーのリメイクによく使うのが、接着剤。好みのサイズにハサミで切って、手芸用の接着剤や皮革用接着剤、多用途強力接着剤を使います。仮留めしてから行うときれいに仕上がります。

アイデア膨らむパーツ&アイテム

ZARAホームのセールで見つけたランチョンマットでポーチを作製。仕上げにクモのワッペンをあしらうことでぐっと愛着が増します。

IKEAで買ったトナカイ柄のトレイ。柄が可愛かったので、トナカイを薄紙でトレースしてから、生地に写し、自作バッグの模様にしました。

タッセルメーカーは大・小サイズ違いで揃えていて、かなりの頻度で愛用しています。ラメの糸をポイントで足すとぐっとおしゃれ。

マニキュア、ラメ、トップコートもリメイクには欠かせません。手持ちのスニーカーのバックステー部分に塗って、ビジューのような輝きに。

自分で作る時のイメージソースとなる市販のタッセルもいろいろ集めています。どこかエキゾチックでシックな色味のものを中心にしたコレクション。

洋服を購入した時についてくる替えボタンは大きさ別にして保管。服を処分する際に外してとっておいたボタンも使えるパーツです。

チェーンバッグをファーのストラップに取り換えた時の材料。アマゾンで見つけたストラップ、オカダヤで¥3,000ほどで購入したフォックスのファー。

スタッズがシート状になったテープスタッズは扱いやすい。好みの幅に切って、接着剤で貼りつけるだけで、小物がモードに。

「ほんの気持ち」のメッセージカード

カードや封筒をふらりと探す時間が楽しいんです

お中元や暑中見舞いなどの時季は、贈り物をする機会が多くなります。そんな時、重宝するのがメッセージカード。季節のモチーフや遊び心があるものをラッピングに合わせてさりげなく添えれば、より気持ちがこもったものに。それにデザインがおもしろいものなら、文章がスタンダードでもキマって見えるのが嬉しい（笑）。特に気に入っているのが季節のモチーフで遊べる和のもの。それ自体はベーシックなのに、見ているうちに色使いやデザインが、意外にも昔のもののほうがポップだったり……。素材が和紙だから突飛にならないし、洋の色封筒とも相性がよかったりします。デパートの文具売場や伊東屋、スパイラルが充実しているので、仕事帰りに立ち寄って気分転換を兼ねてハンティング。気に入ったものが見つかればすぐ使わなくても買っておきます。大きな箱に収納して、あれこれイメージするのが楽しいんです。

贈る相手の生まれ年のものや関わりのあるモチーフの記念切手を封筒に貼って。ネットで検索したり、スタンプショップをのぞいて、そのつど気になるものを見つけては集めているそう。

カードを書くために欠かせない筆記用具の数々。万年筆とボールペンは滑らかな書き心地のファーバーカステルを柿色と言いたくなる渋いオレンジのインクとともに愛用。気軽なカードにはシルバーやゴールドのサインペンが使える。

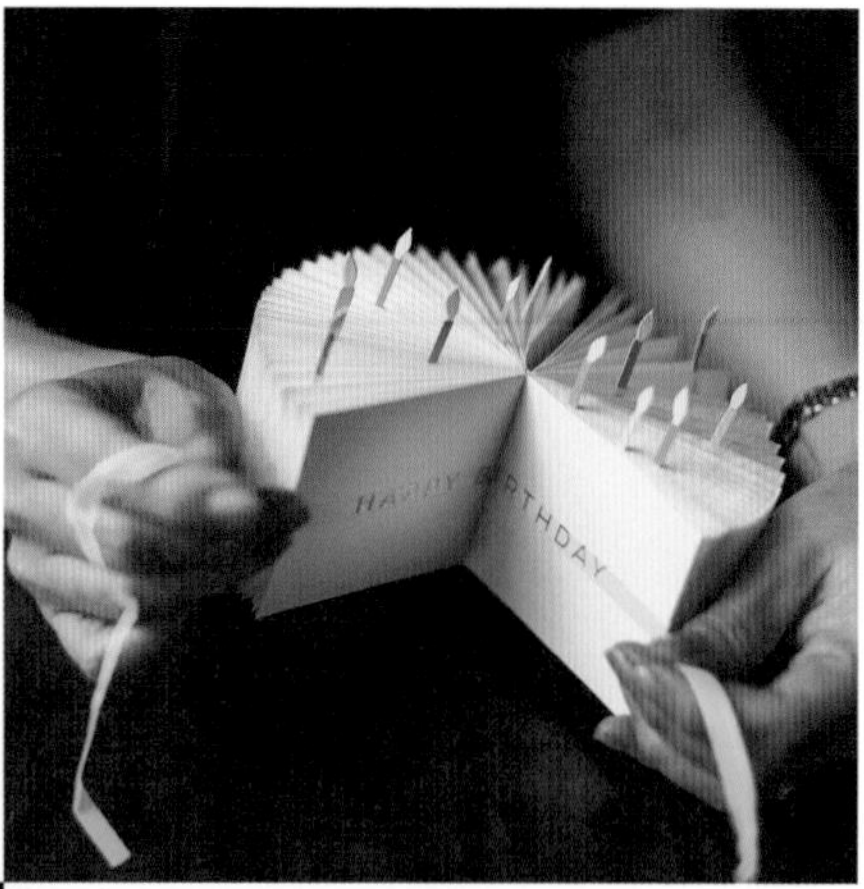

オブジェみたいな立体カードは飾っておきたくなる可愛らしさ

幸せが詰まった立体カードは、眺めているだけで温かい気持ちに。リボン付きのバースデーケーキ型カード¥900は伊勢丹の子ども服売場で見つけたメリメリのもの。カードのデザインがしっかりしたものなら、メッセージが少なくてもサマになる(笑)。

プレゼントの包みにさりげなく添えたい可愛らしいモチーフの一筆箋

色鮮やかな青もみじをかたどった敷き紙はひとことメッセージを入れてプレゼントの包みに添えるのにぴったり。サイズ感もほどよいのでわざわざ封筒に入れなくても形が可愛く、そのまま二つ折りにしてさりげなく使えるのが嬉しい。

日本ならではの情緒満点の正方形の和紙は使い方いろいろ

季節のモチーフや日本ならではの小紋が描かれた上山製紙所(現在閉店)の越前もみ和紙は可愛い小箱に120枚入り。10㎝角の正方形なので、一筆箋としてはもちろん、折り紙にしたりコースターにしたり、瓶のふたにかぶせて細紐やゴムで留めてプレゼント用にと使い方いろいろ。

さりげなく季節を感じさせる
モチーフ使いで贈り物をより楽しく

見た目も可愛い小ぶりのスイカを自分で編んだネットに入れて季節のご挨拶へ。嵩山堂はし本で見つけたうちわのモチーフのカードを添えれば、より夏らしさが盛り上がる。夏を感じさせるモチーフで涼しげな演出を。

孝美流プチギフト

基本は小さくてさりげないもの。単品よりもセット感が大切

年始から春先にかけて、人が集う機会が多くなります。久しぶりに会うからとか、前回ごちそうになったからとか、使ってみたらすっごく便利だったから共有したいとか……（笑）、理由はいろいろですが、ささやかなギフトを用意していくのが密かな楽しみです。相手に負担を感じてほしくないから、基本は小さくてさりげないもの。価格もプチプラです。その代わり、アイデアで勝負。例えば、防災用のグッズには１００円ショップで見つけた笛と鈴をつけたり、チョコレートには洋酒を、というように単品よりもセット感を大切に、連想遊びのようにイメージを膨らませていきます。だから自分の思いつきがハマるとなんとも嬉しい。ラッピングも中身にちなんだ絵柄や素材を選ぶと、ギフト感がぐっと増すような気がします。これみよがしではないけれど、わかる人にはわかる、それくらいのさじ加減がちょうどいいんです。

防災意識の高まりに合わせたプチギフト

防災グッズにちなんでラッピングも包装紙やテープにちょっとした工夫を加え、100円ショップで購入した鈴をあしらって。中身はソーラーチャージャーと充電式LEDマグネットライトの組み合わせ。ソーラーチャージャーは太陽光で充電できて、アダプターがなくても使える優れもの。ハンディなマグネットライトをセットにして予算は¥5,000ほど。

男性に贈るチョコと洋酒のセットは簡易包装で

テントウムシモチーフのひとくちサイズのチョコレートに合わせたウィスキーのミニボトルは、ショットグラスのイメージ。メーカーズマークの小瓶は赤をアクセントにしていて、見た目も可愛くておすすめ。あえてざっくり簡単にセロファンで包んだラッピングで。男性に贈る場合は簡易包装くらいがちょうどいい。予算は¥1,000。

ラリックのリングトレイ、唐子のついたヘレンドの小さなトレイ、ヴィンテージショップで見つけた小さな器に雑草や小さな植木、苔などを寄せ集めて、大きめのお盆に。自由に動かせるから便利です。

リトルグリーンの飾り方

小さなグリーンがちょっとあると生活が楽しく豊かになる

家の中にグリーンがあると、癒されますよね。大げさなものでなくても、家にちょっとしたグリーンがあると生活が豊かになるような気がします。ベランダの植木を剪定《せんてい》した端っこや、いただいたお花を生けた時に切り落としたグリーン、料理に使ったハーブの余りやアボカドの種から出た芽など、本来なら捨ててしまってもおかしくないようなものがなんだか愛《いと》おしくて……。小さなガラスの容器に水を張って、さりげなく生けてみたら、あら、とっても可愛い(笑)。合わせる小さなガラス容器も、青のりや試供品のオイルや香水の瓶が意外に使える。わざわざ買うのではなく、再利用するというのがなんだか楽しいんです。小さな容器をトレイに寄せ集めると、よりサマになる。そこから始まって、エアプランツ、苔玉《こけだま》系、サボテン……と小さなグリーンの魅力にすっかりハマっています。

小さなガラス瓶は手付きトレイにちまちま並べるだけで可愛い

青のり(笑)やバルサミコ、試供品のオイルや香水などの空き瓶を手付きのトレイにちまちまと並べるだけで可愛い。

灯りのカスタマイズ

オブジェのように作って楽しむ
温かみある灯りに癒されます

日が暮れるのが早くなってくると、温かみのある灯《あか》りに心惹《ひ》かれます。それに日々の暮らしの中では、やはり間接照明が落ち着きます。インテリア雑誌で見つけたカンパリソーダの小瓶で作ったライトが可愛くて、自分でも作ってみたいと思うように。カンパリソーダの代わりに目をつけたのがナンプラーの小瓶。ちょうどいいサイズ感だと気がついて以来、コツコツとためて3年で16本！　それをアンティーク風のボトルドライヤーに差して作りましたが、瓶に光が当たってとてもきれい。大満足の仕上がりになりました。それ以来、洋酒の空き瓶やアンティークのパーツを利用していろんなアイデアに挑戦しています。上手に作るポイントはフォルムがきれいだったり、細工があったりと残しておきたいと思うものを使うこと。最近はＬＥＤのライトが出回っているので安全だし、安価で手に入るので気軽にトライできると思います。

コツコツとためた空き瓶で
アンティーク風ライトが完成

コツコツと3年かけてたまったナンプラーの空き瓶16本！ を使いついに完成。三宿のザ・グローブで購入したキラキラのシャンデリアパーツをあしらい、中心にLED電球を仕込みました。

ガラスの小瓶たちが織りなす温かみのある灯りに癒される

完成したアンティーク風ライトをリビングに直置きして。鉄枠の突起部分にぐるりと差した小瓶が中央に仕込んだLED電球の光を拡散して、とてもドラマティックな雰囲気に。

第2章

喜びの私流レシピ

私の作るものは、
基本手間のかからないものばかり。
だからこそ一緒に食卓を囲む相手によって
盛り付けや器にこだわります。
みんなで、ふたりで、ひとりで……。
自分にとっても
相手にとっても心地よい料理。
今日は何を作ろうかな。

〝誰と食すか〟で変わる
料理の楽しみ

「キッチンは楽しい実験室です」

という言葉を有元葉子さんの本で読んで、本当にそうだなぁと思いました。

というのも、日々の食事で私が作っている料理がまさにそんな感じだから。

その日の気候や体調に合わせて、同じメニューでも、

今日はちょっと疲れているから

もう少しお酢を入れて酸っぱくしてみようとか、

蒸し暑いからスパイスを効かせてみようとか、

レシピ本よりも自分の感覚に頼ることが多い。

いつも見切り発車で、きちんと量を計ったりしないから、

上手に作れてもまた同じものを
再現できるかはわからない（笑）まさに一期一会です。
それから誰と食べるかでも変わってきます。
ひとりの時に心がけているのは体に優しいということ。
旬の素材をたっぷりと、野菜を多めに、
それ以外にも意識して食べているのが
豆腐類に黒豆やナッツ、甘酒などの発酵食品。
夫婦での食卓では基本は同じなのですが、
そこに肉や魚をプラスして味付けもメリハリをつけて
お酒に合うアテ的なものが加わります。
お客様を招いての食卓は、わざわざお客様用の料理を作るのではなく、
作り慣れているメニューを中心に見せ方に工夫を。
盛り付けを変えたり、器やあしらいを生かして
華やかに演出するのが楽しいんです。

みんなとつながる
おもてなし

〜驚きと喜びのサプライズ〜

気心の知れた親しい友人とのホームパーティなどでは、おもてなしをする時は、さっと作ってさっと出すその場のアドリブ感も楽しいので、一から考えるのではなく、失敗知らずな普段作り慣れたおかずにします。その分、どうやって特別感を出すのか考えるのが腕の見せどころ。小さく切って手でつまめるようにしたり、季節感が出る大ぶりの葉ものをお皿代わりに使えば、ぐんと風情が出ます。持ち寄りの時は、下ごしらえだけして持っていき、食べる直前でタレをかけたりトッピングをしたりと、みんなの前で仕上げるのがいつものスタイルです。盛り付ける器もトーンは合っているけれど、あえてバラバラにして、好きなものを銘々で楽しんでもらうような演出をします。

鯛のとろろ昆布締めのサラダ

［材料］

鯛刺身、とろろ昆布、ミックスグリーン、レンコン(柚子皮入り甘酢漬け)、ラディッシュ、キウイ、にんにくオイル(粗みじん切りのにんにくをオリーブオイルに漬けたもの)、塩・胡椒、桜の花の塩漬け

［作り方］

鯛の刺身にとろろ昆布をからませる。洗って水けをきったミックスグリーンを器に盛り、レンコンの甘酢漬け、薄切りにして水にさらしたラディッシュ、皮をむいて半月切りにしたキウイを散らしてからとろろ昆布をまとわせた鯛の刺身をのせる。にんにくオイルをかけ、塩・胡椒で味を調える。持ち寄りの時には鯛の刺身はラップに包んで、保冷をして持っていく。

昆布をからませた刺身に細かく刻んだ桜の塩漬けを振りかけると風味、彩りがさらに増します。食卓の上で食べる直前にサラダの上に盛り付けて。

豚肉ときゅうりのピリ辛炒め

［材料］

ピリ辛甘酢漬けきゅうり、豚肩ロース肉薄切り、サクラエビ、パプリカ、にんにく、煎り大豆、にんにくオイル、ソース（醤油、酢、練り胡麻、甜菜オリゴ糖、食べるラー油、すり胡麻）韓国の糸唐辛子、酒、蒸しパン（花巻）

［作り方］

ピリ辛甘酢漬けきゅうりはひと口大に切るかちぎる。パプリカはヘタと種を取ってひと口大に、豚肉もひと口大に切る。フライパンににんにくオイルを熱して、にんにく、サクラエビと豚肉を炒め、酒を振り入れる。豚肉に火が通ったら、パプリカときゅうりを加えてさっと炒め合わせる。器に盛り付けたら、ソースの材料を合わせて熱してからかける。仕上げに砕いて素焼きした煎り大豆と糸唐辛子をトッピング。蒸しパン（花巻）を添える。

蒸しパンを添えておけば、ピリ辛炒めを挟んで、バーガーとしても楽しめます。それぞれが自由に食べ方を変えられることもおもてなしの演出の一つ。

いわしのオイル焼き

［材料］

真いわし、大黒シメジ（マッシュルーム）、ズッキーニ、ミニトマト、チコリ（赤・白）、トレビス、イタリアンパセリ、アンチョビ、にんにく、オリーブオイル、塩・胡椒、粉豆腐（またはパン粉）、ピンクペッパー

［作り方］

真いわしは三枚におろしてひと口大に切る。野菜類もひと口大に切る。耐熱皿に真いわし、野菜類をまんべんなく詰めて塩・胡椒し、刻んだアンチョビとにんにく、粉豆腐を散らし、オリーブオイルを下から4分の1ほどの深さまで注いでオーブンや魚焼きグリルで焦げ目がつくまで焼く。真いわしの代わりにししゃもやオイルサーディンでもおいしい。仕上げにピンクペッパーとパセリを散らす。食べる時にチコリやトレビスにのせて。

手で気軽につまめるフィンガーフードタイプのおつまみはお酒がすすむもの。おしゃれなピック類も揃えておくと便利なだけでなく、食卓をセンスよく格上げできます。

わさび漬けカナッペ

［材料］

空豆、スモークチーズ、サクラエビ、わさび漬け、レモン汁、
クラッカー

油揚げバーガー

［材料］

栃尾油揚げ（肉厚タイプ）、豚バラ肉ブロック、タレ（酒、醤油、はちみつ、おろしニンニク、おろし生姜、五香粉）、ニラ

［作り方］

豚バラは1.5㎝の厚さに切り、柔らかくなるまで茹でたあと、タレに漬けこんでおく。油揚げは3等分にしてフライパンで香ばしい焼き色がつくまで焼き、切り込みを入れる。豚バラもフライパンで焼いて、タレは煮詰める。油揚げの切れ目にタレを塗り、焼けた豚バラとさっと煮て水けを絞ったニラを挟む。

たけのこカナッペ

［材料］

たけのこ水煮、あさり（むき身でも可）、日本酒、あさつき、酢味噌（酢、西京味噌、辛子、みりん）

［作り方］

たけのこは硬いところを除いて7㎜程度の輪切りにする。柔らかい穂先は刻んでおく。あさりは酒蒸しにして身を殻からはずす。輪切りにしたたけのこをフライパンで素焼きにしてから、あさりの蒸し汁と醤油（分量外）を合わせたものを塗ってもう一度香ばしく焼いてから4分の1に切る。酒蒸ししたあさりの身と1.5㎝幅に切ったあさつきを酢味噌で和えて焼いたたけのこにのせる。

手でつまむおつまみの時には、指先をきれいにして気持ちよくお酒を飲み続けられるように、おしぼりも用意。赤く色をつけた南部鉄の茶卓にのせて、桜の小枝をさりげなくあしらって。季節を感じさせる心弾むひと工夫が嬉しい。

タコ焼き

[材料]

タコ、粉豆腐、米粉、卵、だし汁、長芋、こんにゃく、竹輪または揚げ玉、サラダ油、青のり、ソース、マヨネーズ、紅生姜、削り節

[作り方]

ボウルに粉豆腐、米粉、だし汁、卵、すりおろした長芋を加えてなめらかになるまでよく混ぜる。細かく切ってだし汁で煮て下味をつけたこんにゃくと、細かく切った竹輪か揚げ玉を加えさっと混ぜる。タコは好みの大きさに。だいたい2㎝角が目安。タコ焼き器を熱しサラダ油を塗り、タコ焼きの素を一面に流し入れる。穴一つずつにタコを入れる。鉄板に面した部分がこんがり焼けてきたら、スティックや竹ぐしを使って返しながら丸く成形する。焼き上がったら青のり、ソース、マヨネーズ、刻んだ紅生姜、削り節をかける。

おだしに浸して食べれば明石焼き風にさっぱり。おだしの代わりに昆布茶を薄めても簡単でおいしい。柚子の皮と三つ葉を散らせば、割烹風のおつな一品に昇格。

ねぎ焼き

［材料］

九条ねぎ、薄力粉、紅生姜、牛すじ、こんにゃく、だし汁（昆布と鰹節で）、醤油、みりん、レモン、サラダ油

［作り方］

九条ねぎは小口切りにしてボウルに入れ、薄力粉とだし汁、下茹でした牛すじ、醤油とみりんで甘辛に煮込み、細かく刻んだこんにゃくを加えてゆるめのタネを作る。フライパンに油を引き、タネを流し入れ両面焼く。器に盛り、刻んだ九条ねぎをトッピングして醤油とレモン汁で食べる。

紫芋チップスのせ秋サラダ

［材料］

紫芋、サラダ油、鶏モモ肉、ピオーネ、梨、いちじく、柿、ルッコラ、ベビーケール、にんにくオイル、塩・胡椒

［作り方］

紫芋はスライサーで薄くスライスしてから水にさらし、しばらくしてから水けを拭き、サラダ油を薄く塗ってオーブントースターでパリッとするまで焼く。塩・胡椒をして皮目からこんがり焼いてひと口大に切った鶏モモ肉にピオーネ、梨、いちじく、柿などの秋のフルーツ、グリーンを好みで盛り合わせ、紫芋チップスを散らし、にんにくオイル、塩・胡椒で味を調える。

スライスした紫芋にサラダ油を塗ってオーブントースターで焼くことで、揚げなくてもパリッと仕上がる。

蒸し野菜の花巻添え

[材料]

白菜（白・紫）、長ねぎ、プチヴェール、アーリーレッド、かぶ、椎茸、サバ缶、花巻、つけダレ（煮切った酒〈100cc〉とみりん〈少々〉、醤油25cc、おろし生姜小さじ1、はちみつ大さじ2、好みでクローブ、花椒、八角、シナモン、胡麻油）

[作り方]

食べやすく切った野菜類を蒸し器や蒸籠で歯ごたえが残る程度に蒸す。冷凍の花巻も一緒に蒸す。つけダレは合わせておく。蒸し上がった野菜にサバ缶を添え、花巻にサバ缶と野菜を挟んで、タレにつけて食べる。

かぼちゃディップ 焼き野菜添え

［材料］

坊ちゃんかぼちゃ、調味料（バター、ヨーグルト、マスタード、酢、クミン、塩・胡椒）、焼き野菜として、ごぼう、ズッキーニ、レンコン、パプリカ、伏見唐辛子、グリッシーニ&生ハム

［作り方］

坊ちゃんかぼちゃは上部を切り落とし、実をスプーンでかき出して蒸す。皮の部分はさっと茹でておく。蒸したかぼちゃの身をボウルに入れ、調味料で味を調える。皮の器に盛り付けて、焼き野菜や生ハムを巻いたグリッシーニなどを添える。

くりぬいた皮の器にかぼちゃのディップをこんもりと盛り付け、スプーンやナイフを使って飾り目をつけます。

焼き栗きんとん

［材料］

やまつ冷凍栗きんとん、バター、Tohatoハーベスト（セサミ）、木綿豆腐、栗鹿ノ子、黒胡椒

［作り方］

冷凍栗きんとんにクリーム状にしたバターを混ぜ、ラップで包んできんちゃく状にしてからオーブントースターでこんがりと焼く。土台のクッキー部分は、ビニール袋に砕いたハーベストとしっかり水切りした木綿豆腐を入れてよく混ぜ、平らに伸ばして丸型で抜き、オーブントースターで焼く。焼き上がった土台に栗鹿ノ子（栗ジャムでも）を塗って黒胡椒を振り、栗きんとんをのせる。

素朴な甘さと香ばしさをできたてのうちに楽しみたい。冷凍の栗きんとんはお取り寄せ可能。300g入り。￥1,650（ヤマツ食品）☎0120-373-802

Column 2

調味料代わりの孝美流保存食

瓶愛から始まった
実験感覚で楽しむ保存食作り

保存食を作り始めたのは、らっきょうから。市販のものはグニュッとしていてなんだか好きになれなかったので、自分で作ってみたいと思ったのがきっかけです。砂丘らっきょうというのを知り、レシピを調べて漬けてみたら、しゃきっとおいしくてすっかり手作りにハマってしまいました（笑）。それから青唐辛子をナンプラーや酢に漬けたり、なめ茸を煮たり、山椒を醤油に漬けたり。簡単なものばかりですが、自家製のものは自分好みにできるのがいいし、具を食べて漬け汁は料理の味付けにと余さず使えるのが嬉しい。それに瓶マニアといえるほど瓶の形、佇まいが好きなのでそれも保存食作りにハマったきっかけかもしれません（笑）。食べ終わったあとの瓶を捨てるのは淋しいし、あるとなんだか豊かな気持ちになれるんです。これからトライしたいのは、自家製の果実酒。季節の果実を使って楽しんでみたいと思っています。

保存食

＼作って簡単！／

使って便利な 孝美流 保存レシピ

1 新生姜の酢漬け

新生姜は皮ごと薄くスライスして、2〜3時間ほど天日干しに。それを紅芋酢にオリゴ糖を加えたものに漬ける。

2 山椒醤油

山椒は枝などをきれいに掃除してから洗って、2回ほど茹でこぼし、水けをよく拭いてから、醤油に漬ける。

3 らっきょう（紅芋酢）

らっきょうは皮をむいて塩もみしてからひと晩置いて水で洗い、水けを拭き、紅芋酢とはちみつを合わせたものに漬ける。

4 青唐辛子ナンプラー漬け

青唐辛子は1〜2時間ほど天日干しにしてから細かく小口切りにしてナンプラーに漬ける。酢に漬ければ酢漬けになる。

5 なめ茸

えのき2パックは半分に切り、醤油、酒、みりん各大さじ3、オリゴ糖大さじ1でとろみがつくまで煮て、最後に酢大さじ1を。

6 らっきょう（白酢）

らっきょうは皮をむいて塩もみしてからひと晩置いて水で洗い、水けを拭き、酢と白ざらめを合わせたものに漬ける。

7 黒豆黒酢漬け

黒豆は洗ってから1時間ほど蒸し、それから黒酢に漬ける。生姜を加えてもよい。

Point

すぐに食べきれるくらいの小瓶の再利用がちょうどいい

大量に漬ける時は市販の保存容器も使いますが、ジャムやコンポートなどが入っていた小瓶が並ぶ様子を見るのが楽しい！

Column 3

こだわり抜いたヘルシーな市販の調味料

体に優しいひと工夫

市販の素材に混ぜるだけで簡単に台湾スイーツの完成

右はアイスクリームに使った「凍頂茶梅」。その名のとおり、凍頂烏龍茶につけた梅で上品な甘さのシロップ漬けといった仕上がり。左は小粒の干し梅。コクのある甘さが魅力。紹興酒に入れたり、戻し汁を使ってミニトマトをマリネしても。

P.86の「台湾スイーツ2種」で使いました

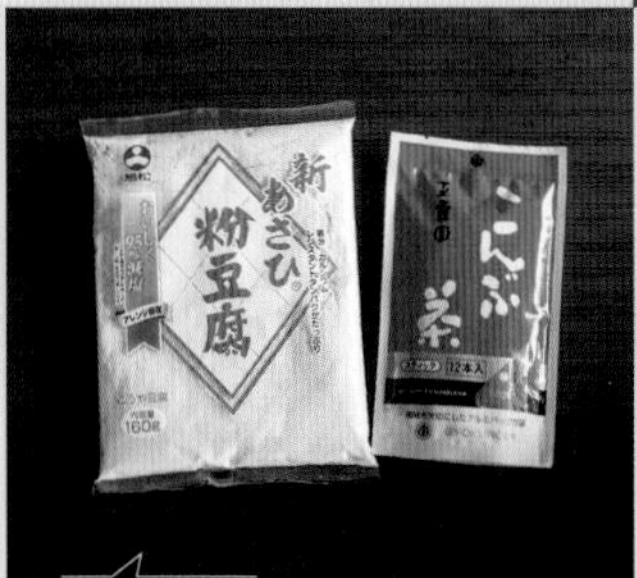

P.64の「タコ焼き」で使いました

いつもの粉もんにコクとヘルシーさを

高野豆腐を粉状におろした粉豆腐。小麦粉の代わりに米粉と一緒に使えば、コクが加わり、しかもヘルシーといいことずくめ。明石焼き風おだしには昆布茶が活躍。上品な味わいに。

酸っぱすぎずに使えて酸味が苦手な人にもいい

左から、内堀醸造の黒酢。酸味が柔らかでコクがあり、まるで熟成した上質のバルサミコのよう。飯尾醸造の紅芋酢は、美しいピンク色でポリフェノールを豊富に含むのが特徴。梅酢のようなどこかひなびた懐かしい味わい。内堀醸造のふじ林檎純りんご酢は、フルーティで香りがいい。

P.90、91の「サラダ」「ヨーグルト」で使いました

サラダが楽しくなるひと工夫

甘酸っぱさのアクセントで サラダに新鮮な味わいを

酸っぱいのが苦手な孝美さんは甘酸っぱいドライフルーツを愛用。トルコ産のホワイトいちじくは硬すぎないところがいい。生乾燥の柑橘ミックスは岐阜県土岐市の多々楽達屋のもの。

P.81の「ボリュームサラダ」で使いました

P.81の「ボリュームサラダ」で使いました

食感の楽しさと香ばしさで 生野菜が驚くほどおいしい

パリパリッと香ばしい歯ざわりの米菓子類を生野菜のサラダに添えると食感のコントラストを楽しめる。有機玄米ポンや有機米八穀おこげはナチュラルハウスで購入しているそう。

シンプルなサラダには コクのあるたんぱく質を加えて

旨みたっぷりのたんぱく質系を一品プラスするだけで食べごたえも満足度もぐんとアップ。骨まで柔らかなサバ缶と香ばしく風味豊かなスモークチーズを常備。

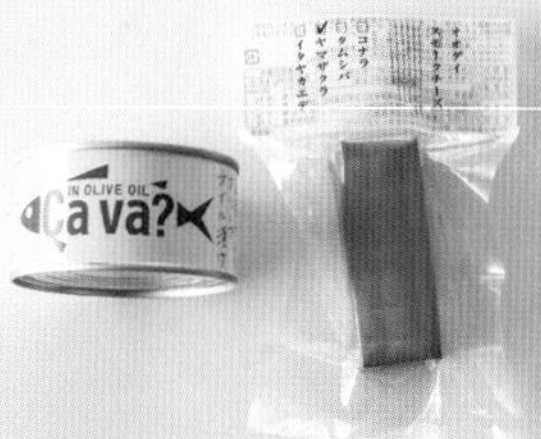

P.67の「蒸し野菜の花巻添え」で使いました

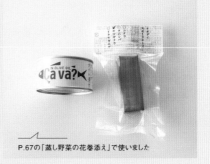

ふたりで囲む
楽しい食卓

～器と盛り付けにこだわって～

夫婦ふたりでほっこりと食事をする時は、普段の野菜不足を補う優しい味わいの鍋やスープが定番です。サラダ感覚で食べられて、胃にも優しい。キノコや根菜をたっぷり入れて頂きます。そんな時、よく使うのは、ふたり用の土楽窯の黒鍋。煮る、焼く、蒸すの活躍ぶりで、我が家ではいつでも取り出せるシンクの下に収納して季節を問わず愛用しています。保温力も抜群なので調理したものを熱々のまま食卓に出せるのも魅力です。料理の見た目からも満たされるように季節によってその時の料理をいちばんおいしく見せてくれる質感や形の器を考えるのも楽しい。ふたりだからこそ、ゆっくりと体も心も落ち着ける、そんな時間を心がけています。

豆乳鍋

［材料］

スープ	豆乳、鶏だし汁、塩、醤油、酒、甘酒
具材	鶏モモ肉、レタス、青梗菜、長ねぎ、キノコ
薬味	長ねぎ、パクチー、生姜千切り、ラー油、胡麻油
〆のそぼろ	豚ひき肉、長ねぎ、椎茸、セロリ、レンコン、胡麻油、ユラージャオ、甘酒、醤油、酒

［作り方］

下準備として、水炊き用骨付き鶏肉と手羽先を、セロリ、玉ねぎ、人参、パセリなどのくず野菜に生姜、にんにくを加えたたっぷりの水で煮込み、鶏だし汁を作る（すべて分量外）。だし汁を漉し、鶏肉は別の料理に利用。できた鶏だし汁と豆乳を3対1の割合で合わせ、塩、醤油、酒、甘酒で薄めに味をつけてスープが完成。用意した具にさっと火を通して、好みの薬味で食べる。

豚ひき肉とみじん切りにした野菜すべてを胡麻油で炒めて、ユラージャオ、甘酒、醤油、酒で味付けしたそぼろを作っておく。具を食べ終わった鍋のスープを塩で味を調えてから、茹でた中華麺を入れてさっと火にかけ、各自で取り分けて、そぼろとパクチーを添える。

スンドゥブ・トマト仕立て

［材料］

かき、豆腐、卵、キムチ（白菜と大根）、トマトジュース、キムチ鍋の素、練り胡麻、豆板醤か唐辛子、とろけるチーズ、パルミジャーノ、胡麻油

［作り方］

トマトジュースでキムチ鍋の素を割り、練り胡麻と豆板醤を加えて火にかける。沸いたら、キムチを入れ、豆腐をすくい入れる。かき（水洗いして水けを拭く）を入れ、ふっくらして火が通ったら、とろけるチーズをのせてオーブンか魚焼きグリルで焼き色をつける。香ばしくぐつぐつしてきたら、卵を割り入れ、パルミジャーノを振る。最後に胡麻油を加える。

下仁田ネギのポタージュ

［材料］

下仁田ネギ、あさり（むき身）、牛乳、塩・胡椒、トッピング（かきバターソテー、セロリスライス、煎り大豆、ガーリックトースト）

［作り方］

下仁田ネギはひと口大に斜め切りにして、オリーブオイル（分量外）で焦げないようにじっくり炒めてから水を注いで柔らかくなるまで煮てミキサーにかける。ペースト状になったネギを鍋に戻し、火にかけてあさりのむき身を加え、牛乳も加えてひと煮立ちさせ、塩・胡椒で味を調える。器に取り分けて、かきのバターソテー、スライスしたセロリ、煎って砕いた大豆、ガーリックトーストなどを添える。

節分に食べるような煎り大豆を粗く砕いて、さらに煎ることでカリカリとした食感のトッピングが完成します。

長芋すりおろしスープ

［材料］

長芋、中華だし、おろし生姜、トッピング（カニの身、松の実、芽ねぎ、アルファルファ）、塩・胡椒

［作り方］

長芋は皮をむいてすりおろす。中華だし（鶏ガラスープ顆粒を水で溶いたもの）を鍋に温めて、だしと同量程度のおろした長芋を加えてひと煮立ちさせて塩・胡椒で味を調える。器に取り分けて、おろし生姜を加え、カニの身、松の実、芽ねぎ、アルファルファなどをトッピングする。胡麻油やラー油をたらしてもおいしい。

焼き野菜のヨーグルトソース

［材料］

ごぼう、黒大根、ナス、ズッキーニ、人参、紅芯大根、パプリカ、レンコン、トレビス、エリンギ、ドライいちじく、厚揚げ、スモークチーズ、にんにくオイル、塩、ソース（ヨーグルト、粒マスタード、にんにくオイル、オリゴ糖、塩・胡椒）

［作り方］

野菜類は最低でも5種類は用意したい。それぞれ食べやすいように縦に細長く切って、フライパンで素焼きにしてから、塩とにんにくオイルを振りかける。ドライいちじく、厚揚げ、スモークチーズものせる。ヨーグルトソースの材料を混ぜ合わせる。焼き野菜をフライパンごとテーブルにのせ、ヨーグルトソースを添える。

ボリュームサラダ

［材料］

水菜、赤水菜、辛子水菜、わさび菜、ルッコラ、キウイ、トマト（赤・グリーン）、紅大根、切り干し大根（水に浸して戻す）、豆腐、ドライ柑橘ミックス、茹で卵、玄米ポン、ドレッシング（にんにくオイル、ホワイトバルサミコ、塩・胡椒）

［作り方］

葉物の野菜類は洗って、水けをきり、キッチンペーパーで包んで冷蔵庫でしゃきっとするまで冷やす。ドレッシングの材料を合わせておく。器に野菜類、水で戻した切り干し大根、水きりしてちぎった豆腐、ドライフルーツ、茹で卵、玄米ポンを食べやすく盛り付けて、ドレッシングを添える。

五味薬味そうめん ～すっぽんジュレ添え～

［材料］

半田そうめん、水茄子浅漬け、茗荷黒酢漬け、五味薬味（青ねぎ、大葉、茗荷、生姜、カイワレ）、そうめんつゆ、すっぽんスープ（村上スッポン本舗）、板ゼラチン、生姜、実山椒

［作り方］

五味薬味を作る。青ねぎは小口切り、大葉は千切り、茗荷、生姜、カイワレは細かく刻んでボウルに入れ、水に軽くさらしてからザルに上げて水けをきって保存容器で保存する。すっぽんスープを熱して生姜の搾り汁を加えてから水でふやかした板ゼラチンでジュレ状に冷やし固める。半田そうめんを茹でて冷水で締めてから器に盛り、水茄子の浅漬けと茗荷の黒酢漬けを添える。そうめんつゆにすっぽんスープのジュレを加えながら、五味薬味をたっぷり入れて食べる。

青ねぎ、大葉、生姜、茗荷、カイワレを細かく刻んで合わせた五味薬味は、食欲が落ちる夏の我が家の必需品。野崎洋光さんのレシピを元にしています。冷たい麺はもちろん、どんな料理にも使えて冷蔵庫に常備しておくと便利です。

かつおのお刺身
〜きゅうりおろしがけ〜

［材料］

かつおの刺身サク、紫玉ねぎ（アーリーレッド）、セロリ、クレソン、きゅうりおろしソース（きゅうり、にんにく、塩、オリーブオイル）

［作り方］

きゅうりをおろしてキッチンペーパーに包んでぎゅっと絞り、少量のおろしにんにく、塩とオリーブオイルを加えて調味する。紫玉ねぎ、セロリは薄くスライスして水に一度さらしてから水けをしっかり絞って器に盛り、ひと口大に切ったかつおの刺身を盛り、まわりにクレソンの葉をあしらって、きゅうりおろしを添える。

きゅうりの緑が鮮やかなおろしソース。酸っぱいのが苦手なので、ぽん酢の代わりににんにくで風味をつけてオリーブオイルを加え塩味のソースに。さっぱりと味わい深いので、刺身だけでなく焼き魚などにもぴったり。

ひとり時間の ささっとごはん

～体への思いやり～

日中の食事はだいたいひとり。簡単に済ませたいけれど、いつもインスタントでは味気ない。そんな時に便利なのが、ささっと簡単にできて一品で完結する具だくさんの料理。別々に食べてもおいしいものをいろいろ組み合わせて、その妙を楽しむ。例えば、焼きナスとお茶漬けも意外な組み合わせですが、割烹の料理屋さんで食べてそのおいしさにすっかりハマり、今では定番に。お昼にお肉を使うと重たくなって晩ごはんに差し支えてしまう。お肉がなくても野菜や豆腐類をメインにして、旨みと薬味で食べごたえをアップすればヘルシーで大満足の食事になります。ひとりの時はおやつも充実（笑）。季節のフルーツをふんだんに使ってヘルシーで極上のおやつ時間も楽しみます。

台湾スイーツ2種

甘酒ぜんざい

［材料］

ブラックタピオカ（冷凍タイプ）、甘酒、茹であずき、ピスタチオ

［作り方］

冷凍タピオカを5分ほど湯煎して戻す。グラスに甘酒を注ぎ、茹であずきとブラックタピオカを入れ、刻んだピスタチオを散らす。

茶梅アイスクリーム

［材料］

茶梅、バニラアイスクリーム、くるみ、ラム酒かブランデー

［作り方］

茶梅とくるみを粗く刻む。器にアイスを盛り、刻んだ茶梅とくるみをのせ、お酒をたらす。茶梅はたくさん使ったほうがおいしい。

台湾茶粥

［材料］

ウーロン茶葉、冷やごはん、乾燥ハスの実、薬味（茶葉蛋の刻んだもの、ラー油漬けたけのこ、松の実、クコの実、パクチー、台湾ラー油などお好みで）

［作り方］

濃いめに淹れたウーロン茶（出がらしでも十分）を土鍋に注ぎ、水で洗った冷やごはんを入れて15分ほど静かに煮る。煮上がったら、お茶で戻したハスの実をのせる。好みの薬味を添える。

焼きナスだし茶漬け

［材料］

ナス、ごはん、だし汁（いりこだし、酒、塩、醤油）、薬味（白髭ねぎ、茗荷）、ぶぶあられ、黒七味

［作り方］

ナスを魚焼きグリルで焼いて皮をむく。いりこの水出しだしを温めて酒、塩、醤油で濃いめに味付けする。器にごはんを盛り、焼きナスをのせ、だし汁を注ぎ、好みの薬味をのせる。食べる時に好みでぶぶあられと黒七味を振る。

ボトルに500〜700mℓの水を入れ、昆布10㎝角といりこひとつかみを加えて、冷蔵庫でひと晩寝かす。2日目に昆布を出す。3日ほどで使いきる。いりこは入れすぎると塩辛くなるので注意。

なめ茸ゴーヤ丼

［材料］

なめ茸（えのき茸、醤油、酒、みりん、砂糖、酢）、ゴーヤ、長芋、ラディッシュ、実山椒、ごはん

［作り方］

根元を落としざく切りにしたえのき茸2パックを鍋に入れ、醤油、酒、みりん各大さじ2、砂糖小さじ2を加え、10分ほど煮て仕上げに酢小さじ2を加えてなめ茸を作る。ゴーヤは縦に割って、白いわたを取り除いてからスライスし、さっと茹でる。長芋はすりおろす。器にごはんを盛り、とろろ、ゴーヤ、なめ茸、スライスしたラディッシュと実山椒をのせる。

紅芋酢らっきょうサラダ

［材料］

紅芋酢で漬けたらっきょう、レタス、海苔
A（ぶぶあられ、にんにくオイル、ピンクペッパー、塩・胡椒）

［作り方］

レタスとスライスしたらっきょうを軽く混ぜる。
ちぎった海苔、Aを適量まぶす。

リンゴ酢ヨーグルト

［材料］

リンゴ酢、スイカ糖、ヨーグルト、クコの実、ミントの葉

［作り方］

ヨーグルトにスイカ糖（もとなり本舗企業組合で購入）、リンゴ酢を適量入れ、クコの実、ミントの葉を飾る。

豆腐のレアチーズケーキ風

［材料］

木綿豆腐、リンゴジュース、ホワイトバルサミコ、レモン汁、ホワイトラム、お好みのジャム、ゼラチン、炭酸せんべい

［作り方］

木綿豆腐は好みのサイズにカットして、重しをして20分ほどしっかりと水きりする。水きりした豆腐を保存容器に並べて、ひたひたになるようにリンゴジュースを注ぎ、レモン汁1個分、ホワイトバルサミコ適量、ホワイトラムを好みで加える。同じ分量でもう一つ液を作っておく。ラップをして冷蔵庫でひと晩休ませる。器に豆腐を盛り付け、ブルーベリーなどお好みのジャムをかける。豆腐をつけなかったほうの液を煮詰め、ゼラチンでゆるいゼリー状にして、さらに上からかけ、炭酸せんべいをトッピングする。

一枚ずつ職人が伝統の手法で丁寧に焼き上げる有馬せんべい本舗の炭酸せんべいは、カリッと軽快な歯触りと素朴な甘さが嬉しい。

黒豆寒天 2種

［材料］

寒天、蒸し黒豆、黒酢、針生姜、黒蜜、バナナ、好みのナッツ

［作り方］

寒天は水けをきる。甘くないバージョンは、器に寒天を入れて、蒸し黒豆を散らし、黒酢をかけて針生姜を添える。甘いバージョンは、器に寒天を入れて、蒸し黒豆を散らし、スライスしたバナナとナッツを飾り、黒蜜をかける。

スイカジュース

［材料］

スイカ、白ワイン、オリゴ糖、レモン汁、ミントの葉

［作り方］

白ワインにオリゴ糖、レモン汁を適量加えて冷凍庫に入れ、ときどきかき混ぜながらシャーベット状にする。スイカは硬い皮を切り取り、実の部分だけをバイタミックスなどのジューサーにかける。よく冷やしたグラスにスイカジュースを注ぎ、白ワインのシャーベットを浮かべ、ミントの葉を飾る。

にごり酒カクテル

［材料］

にごり酒、苺、レモン汁、甜菜オリゴ糖、炭酸水

［作り方］

苺を半分に切り、レモン汁、甜菜オリゴ糖で和えて、果汁をとろりとさせてソースにする。グラスににごり酒と苺のソースを同じ割合で入れ、炭酸水で割る。

はちみつ生姜たっぷりの焼きリンゴ

［材料］

リンゴ、バター、ラム酒、はちみつ漬け生姜

［作り方］

リンゴの上3分の1ぐらいを切り、芯をくりぬく。ラム酒を適量リンゴに振りかけ、バターを置く。魚焼きグリルで15分蒸し焼きにし、はちみつ漬け生姜をたっぷりとかける。

メイプルナッツの大学芋

［材料］

焼き芋、メイプルシロップ・塩をからめたナッツ、すだち、絹ごし豆腐、オリゴ糖

［作り方］

焼き芋を皮ごとスライスして、熱したフライパンで香ばしい焼き色がつくまで両面とも素焼きにする。フライパンでナッツを煎り、メイプルシロップをからめて塩を振ったものをかける。豆腐クリーム（水きりした絹ごし豆腐とメイプルシロップかオリゴ糖をフードプロセッサーにかける）とすだちを添える。

Column 4

味も見た目も。心喜ぶお取り寄せ16

家で楽しむ季節のお菓子

1 宝箱のように詰まった色とりどりのあられが楽しい

珍味揃　中サイズ¥4,320。色とりどりのあられ、レンコン、えびせんなど諸国名産のあられを詰め合わせたその名も「珍味揃」。吟味されたラインナップは、どれもうなるほどのおいしさ。目でも舌でも楽しめます。

珍味堂

東京都新宿区神楽坂（詳細は注文後に通知）　☎03-3269-2094　㊞9:00～18:00　土・日・祝休　※注文は電話のみ。送料負担で配送もあり。神楽坂で長く愛された名店。chinmidou.com

2 口の中でとろける優しく上品な甘み

阿波女　干菓子詰め合わせ 中¥1,296。茶人に愛される阿波特産の和三盆糖を指先ほどの玉状に固めた干菓子。ひねった薄紙を開けて口に入れるとふわりと溶けて上品な甘みが広がります。

岡田製糖所

徳島県板野郡上板町泉谷字原中筋12-1
☎088-694-2020　fax088-694-2221
㊞8:00～17:00　日・祝休（売店は無休）
阿波和三盆の製造元で200年もの間手作りにこだわり伝え続ける老舗。
wasanbon.co.jp

3 季節限定。買って楽しむ実りの秋でもあります

子どもの頃から楽しんでいた大阪心斎橋にある庵月の栗蒸しようかん。ほっくり歯ごたえのいい新栗がゴロゴロ。9月の限定。

庵月

大阪府大阪市中央区東心斎橋2-8-29
☎06-6211-0221　www.angetsu.co.jp

4

桜の繊細な花びらをかたどった まさに芸術品の砂糖菓子

桜の有平糖(桜6個・葉2個)¥1,296(要予約)。薄く作られた桜の花びらは透明感のあるピンクが美しく、触っただけで折れてしまいそうな華奢さはまさに匠のワザ。葉っぱの有平糖も一見の価値あり。2月中旬から4月いっぱいまでの販売。

紫野源水

京都府京都市北区小山西大野町78-1　☎075-451-8857　fax075-451-8867　営10:00～18:00　日・祝休　注文は電話かfaxにて。faxの場合は、名前、住所、電話番号、配達希望日を書いて送る。

5

季節の絵柄が 愛らしいミニサイズのどらやき

ミニどら各¥226（税込）。しっとりとした生地で瑞々しい粒あんをたっぷりと挟みこんだ人気の一品。小ぶりなのでいくつでも食べてしまう。季節のモチーフの焼き印が可愛らしいです。

紅谷

東京都港区南青山3-12-12 9F　☎03-3401-3246　営11:00～15:00　日・月・火休　季節、要望によって焼き印は変更。北海道産の厳選した小豆で作られるあんのおいしさに定評があります。
beniya-aoyama.jp

6

目にも鮮やかな5色の断面が美しい

五彩饅頭　5個入り¥3,600（税込）。真っ白な生地を割ると、中央から黒(こしあん)黄(黄味あん)緑(緑染めじょうよ生地)紅(紅染め白あん)の日本古来よりある5色を使った断面が現れます。おめでたい席にもぴったり。

麻布青野総本舗

東京都港区六本木3-15-21　☎03-3404-0020　営9:30～19:00(土・祝～18:00)※営業時間に変動あり。日休　azabu-aono.com

パーティには作らない持ち寄り

7 ひと手間かけて熱々に。ふっくら香ばしい蒸し寿司

吉野寿司さんの焼き穴子や椎茸を混ぜたすし飯の上に錦糸卵をあしらった蒸し寿司と、ふっくら炊き上げた煮穴子がのった穴子蒸し寿司。竹皮に包まれたまま蒸し器や電子レンジで温めるだけで本場の蒸し寿司が味わえます。竹皮穴子蒸し・蒸し寿司詰め合せ6個入り（送料込み）¥6,480（税込）

船場 淡路町 吉野寿司

大阪府大阪市中央区淡路町3-4-14　☎06-6231-7181
fax06-6231-1828　㊟9:30～18:00　土・日・祝休
www.yoshino-sushi.co.jp

8 お湯を注ぐだけで見た目も美しいお吸いもの

加賀の豊かな四季をふやきに込めた季節の「宝の麩」。お椀に入れてお湯を注ぐだけで見た目も華やかなお吸いものが出来上がる。桜の花びらをモチーフにした「ひとひら」は春の限定商品。ふやき御汁宝の麩「ひとひら」¥249

金沢 加賀麩不室屋

石川県金沢市尾張町2-3-1　☎0120-26-6817　㊟9:00～18:00　無休　www.fumuroya.co.jp

9 クセが少なくて誰でもおいしく食べられる。お酒のアテにも最適

トアロードデリカテッセンの燻製や酢漬けにした新鮮な魚介類は、クセが少なく誰でもおいしく食べられるのが嬉しい。どんなお酒にもマッチするおつな一品です。にしんの酢漬け¥820（税込）、さわらのスモーク¥756（税込）、さばのスモーク¥1,026（税込）

トアロードデリカテッセン

兵庫県神戸市中央区北長狭通2-6-5　☎078-331-6535
fax078-332-7374　㊟9:30～18:30　水休　http://tor-road-delica.com

10 見た目も華やかに大人数で気軽につまめるフィンガーフードを

帝国ホテル「ガルガンチュワサンドイッチ」¥13,000。ホテルのベーカリーで特別に焼き上げたパン製バスケットにハム、スモークサーモン、チキンサラダ、カニサラダの4種類のサンドイッチを詰め合わせ、フルーツを添えた見た目も華やかな一品。6～8人で十分楽しめます。

ホテルショップ「ガルガンチュワ」

東京都千代田区内幸町1-1-1　帝国ホテル 東京本館1F　㊖8:00～20:00　☎03-3539-8086　無休　www.imperialhotel.co.jp

11 思わず歓声が上がるヘルシーで見た目も可愛いスイーツ

苺味のビスケットでできたハートの器にふわふわのスポンジと苺とクリーム。生クリームにはフレッシュな苺をしぼった自家製のピューレを使用。一台で苺のおいしさを堪能できます。むしやしなべLOVE　HEART 直径15㎝ 5号サイズ（2～3名分）¥8,640（税込）

むしやしない

京都府京都市左京区一乗寺里ノ西町78　☎&fax075-723-8364　㊖10:30～18:00　月・火休

www.648471.com

お歳暮・お年賀の贈り物

後を引くピリ辛おかきとほっこり燗酒のコンビが絶妙

13 こんがり焼けたあられに山椒、七味唐辛子、黒胡椒、かくし味にガーリックで味付けしたパンチのある品。お茶請けやおつまみにぴったり。山椒追加も可能。あぜくら 1箱¥3,240（税込）

みやび堂 通販部

miyabi-do.ocnk.net

お問い合わせは、

e-mail@miyabi-do.ocuk.netまで。

12 ポットのお湯で簡単に適温のお燗ができる山中塗の酒燗具。本体に沸騰したお湯を注ぎ、日本酒を入れた徳利を浸ける。3分ほどでお燗がつく。夏はクラッシュアイスを入れて冷酒を楽しんで。燗たのし ¥3,000

黒龍酒造株式会社

www.kokuryu.co.jp

14

ふんわり漂う芳醇な 洋酒の香りを紅茶と一緒に 時間をかけて味わって

焼きたてのパウンドケーキにたっぷりのブランデーを染み込ませた大人のおやつ。できてから1週間以上、上下を返しながら熟成させたほうがおいしく食べられる。ブランデーケーキと大納言バターケーキの詰め合わせ ¥3,067（税込）

創作洋菓子のロイヤル
www.so-royal.com

15

種類豊富に盛り合わせて どれにしようか迷うのも楽しい

日本初の焼き菓子専門店。丁寧に焼き上げたクッキーのL缶は11種類と盛りだくさんです。どれから食べるか迷うのも楽しい。プティ・フール・セックL缶 ¥5,076（税込）

メゾン・ド・プティ・フール
www.mezoputi.com

16

ふっくら福を呼ぶどら焼きと シャンパンで華やかな ひとときを演出して

北海道産小豆、国内産小麦粉を使用した、しっとり柔らかで風味豊かな手焼きどら焼き。常備している焼き印は無料で押せる。オリジナルどら焼き　ばら売り¥260（税込）　化粧箱15個入り¥4,400（税込）

麻布青野総本舗
www.azabu-aono.com

第3章

大人の手習い

大人だって好奇心いっぱいに過ごしたい。
暮らしの中で興味を持ったこと、
実際に体験してみたいと思ったことは、
すぐにトライするようにしています。
新たな発見もまた
日常では味わえないいい刺激に。

いつでも心のアンテナをはって過ごしていくこと

この連載では純粋に
やってみたいことに挑戦してきました。
非日常感満載のビニールハウスでの年越しリース作り、
骨太のフレンチレストランでのパテ作り、
研究室のような空間でのアロマオイル作りや
キャンドル作り……などなど、
自分の家ではなかなかできないことを
学ぶのはとても楽しかったです。

せっかくだから空間ごと楽しめる習いごとがいい。
どれも専門なりの奥深さがあって、
直接先生のテクニックを見ると、
コツもつかみやすいですね。
簡単に考えていたものが意外に難しかったり、
またその逆もあったり。
習う前と後では大げさでなく、
世界が違って見えました。
大人になって学ぶこと、
習うことの楽しさを改めて実感！
これからも興味のあることを見つけて
挑戦していきたいと思っています。

可愛らしい苔玉

手触りに癒され、その可愛さにすっかりハマってしまいそう

身近に緑があるのが好きで、自宅のベランダで鉢植えの植物を育てています。自然に近い形なので、ガーデニングというよりまさに庭いじりといったほうがぴったりかもしれませんが……（笑）。なかでもお気に入りなのが独特の深い緑色が美しい苔。ふかふかとした手触りに癒されるんです。苔で苗木を包んだ苔玉はいつか作ってみたいと思っていたもの。モデルの先輩である原由美さんが先生をしていらっしゃると聞いて、さっそくお宅にお邪魔して教えていただくことに。まず大好きな苔に思う存分触れるのがなんとも楽しい。思った以上に簡単にできて、盆栽よりもモダンで和でも洋でもアレンジできるのがとても新鮮で、どこにでも置けるのもいい。それに自分で作った苔玉はなんとも愛しい（笑）。すっかり苔玉作りの魅力にハマってしまいました。次はしだれタイプに挑戦してみたいです。

所要時間は10分ほど。
作り方は意外に簡単

1.３種類の土（赤玉、ケト、クン炭）をミックスして直径15cm程度の円形に伸ばす。 **2**.植木を鉢から出し、カバーしやすいように根の部分の土を落として**1**で広げた土の上にのせ、まわりに土を巻きつけて、丸く形を整える。水はけをよくするために接地面をなるべく少なくする。 **3**.正面を決めたらハイゴケで下の土が見えないようにまんべんなく包む。 **4**.苔玉全体を糸で放射状にまんべんなく巻き、巻き終わりをUピン形にした針金で底に挿して完成。

孝美「苔玉可愛い〜♥ でも先生の苔玉はまんまるなのに、私の作ったのはなんだかしずく形（笑）」
原「それでいいの。同じ苔玉でも作る人によって微妙に形が違ってくるのがその人ならではの個性が出ておもしろいのよ」
たっぷりの水に5分ほど浸し、水分を含ませる。台にのせ完成（今回の台はグリーンスケープで購入）。

名店に教わる「パテ・ド・カンパーニュ」

工作や実験みたいな工程が楽しい！
あっという間に出来上がりました

練りものが好きなので（笑）、西洋のパテ・ド・カンパーニュもいつか自分で作ってみたいと思っていた憧れの一品。肉名人の荻野シェフに習う機会を頂いてワクワク気分で伺いました。本格的なパテとはどんなに複雑な工程なのかと興味津々でしたが、あまりにもシンプルで拍子抜けするほど。近くで見ているとそのプロセスは料理というよりまるで実験みたいで、そんなところも惹かれる理由なのかも（笑）。でもシンプルだからこそ、材料をきっちり冷やしたり、焼き型に詰める時は空気を抜いたりと一つずつの作業を丁寧にすることが大切だと思いました。出来上がったパテをひと口食べてみるとふわっと滑らかで軽い食感。味がしっかりしているからワインのおつまみにもぴったり。一度作れば2週間近く楽しめるとのこと。クリスマスから新年にかけてきっと活躍してくれるはずです。

オギノ名物のパテを自宅で簡単に再現できる幸せ

フードプロセッサーで混ぜて焼き上げただけなのに驚くほど本格的な味わいに。冷蔵庫でひと晩寝かせれば素材同士がほどよく馴染み、よりおいしく食べられる。

食べごたえ満点！
肉のおいしさを存分に味わえる
本格的な味わいに大満足♡

ひと晩寝かせたパテを大きめに切って、ピクルスやサラダ、マスタードを添えてサーブ。しっとりと滑らかな食感は自宅で作ったとは思えないほど。ワインがすすむこと間違いなし。

パテ・ド・カンパーニュができるまで

1.玉ねぎ、にんにくをスライスする。しめじは石づきを切り落としてざく切りにする。 **2**.フライパンにオリーブオイルを入れ、冷たいうちに**1**を加えて強火で炒め、しんなりしたら牛乳を注ぎ入れる。ちりちりと音がして水分が完全になくなるまで木ベラで混ぜながら強火で炒める。(4〜5分程度) **3**.出来上がった**2**をバットや皿などに移して粗熱を取り、その後冷蔵庫でしっかり冷やす。 **4**.フードプロセッサーに**3**を入れて軽く撹拌したところに、鶏レバーを加えてペースト状になるまでさらに撹拌する。

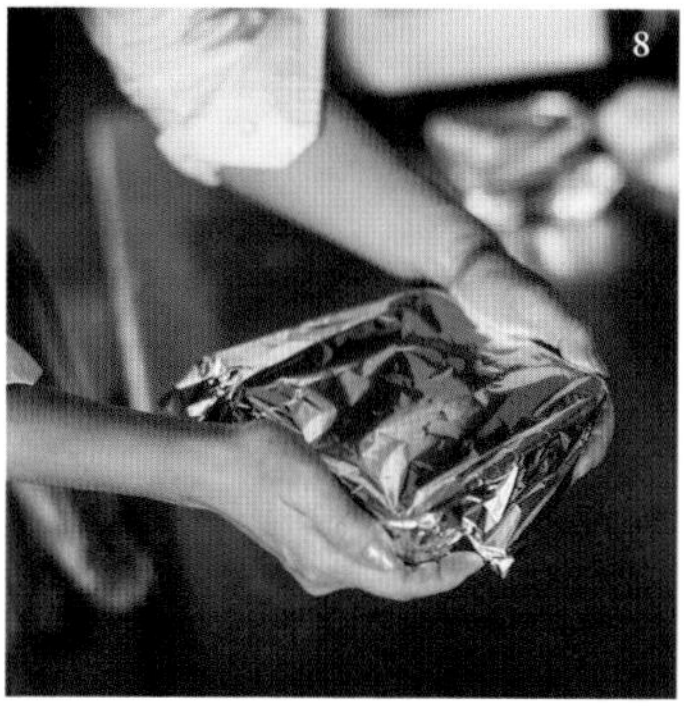

5.豚ひき肉を加えて軽く撹拌したところに、塩と卵を加え滑らかになるまで撹拌する。出来上がりの目安はゴムベラで持ち上げてポッテリした状態。**6**.耐熱容器に**5**を移す。この時空気が入らないようにスプーンでペタペタと投げ入れる感じにするとよい。 7.ローリエの葉を上にのせる。 **8**.アルミホイルをかぶせて、200℃に予熱したオーブンで40分間焼く。焼き上がったら、粗熱を取って、冷蔵庫でひと晩休ませる。冷蔵庫で2〜3週間は楽しめる。

セラヴィに学ぶ「年越しリース」

自然のままを自分流に自由に楽しむのが新しい

行事が続く年末年始、家のしつらいもいつもと違う華やかな雰囲気にしてみるのも楽しいもの。広い温室で自然のままの草木を使ったレッスンを実施されているセラヴィはひょんなことで知って以来、ぜひとも訪れてみたかった場所。今回チャンスを頂いてお邪魔しました。緑が生い茂るエントランスからしてまるで秘密の花園のようで気分が上がります。そんな非日常な空間でクリスマスからお正月まで楽しめるリースの作り方を教えていただきました。セラヴィでは先生のお手本がなく、用意された花材を自由に使い自分のセンスを頼りに作り上げていくフリースタイル。はじめは戸惑いましたが作り始めるとこれがなんとも楽しい。葉っぱ一枚、小枝一本と使えないものが何一つないのも素敵です。自分で工夫しながら完成した作品だけにとても愛おしい（笑）。レッスン後にお話を伺いながらお茶を頂いていると時間を忘れてしまいそう。春や夏、違う季節にも、また訪れたくなるような素敵な場所でした。

季節を感じさせるデコレーションが施されたテーブルで行われるレッスン。今回のリースは壁にかけるだけでなく、テーブルの上に置いて中心にキャンドルを飾って楽しむのも素敵。

深い緑に鮮やかな赤が映えるフリースタイルなリースが完成

赤系の蔓に深い緑のもみの枝、ななかまどや、千日紅、山帰来などの赤い実をあしらったナチュラルさと華やかさを両立させた孝美さん作のリース。大胆な構図には先生も感心しきり。

自分で「練り切り」

手先のこととはいえ
全身でリズムを取りながら
我を忘れる30分

和菓子のなかでも四季折々の植物や風物詩を模し、繊細な細工を施した練り切りが大好き。自分でも作れないかなと思っていたところ、ユイミコさんが開催しているお教室で習えることを知り、さっそく参加しました。生地になる練り切りは白あんにぎゅうひを熱々の状態で練り混ぜたもの。それをベースに着色してからいよいよ成形開始。記念すべき第1作は牡丹に挑戦することに。先生にお手本を見せていただきながら、手に取った生地を丸めて、窪《くぼ》ませたり、線を入れたり……。食べている時よりあんこがまるで生きているような感じがして、とてもおもしろい。作業に没頭すること30分、完成した牡丹の花は、おいしそうというより、可愛らしくてなんとも愛おしい（笑）。初めて練り切り作りを体験して感じたのは、集中力を養える書道にも通じる精神世界だということ。我を忘れて無心になれる素敵な時間でした。

「難しい〜！ 手先のことだけど、リズム感が必要なんですね」と言いながらも、繊細な細工を先生も驚くほどの器用さで仕上げていく孝美さん。「楽しくてやみつきになってしまいそう」と練り切りの魅力にすっかりハマったよう。

左ページ／記念すべき初作品は牡丹の花と青楓。お店でしか買えないと思っていた練り切りを自分の手で作ることができて感激。大満足の作品は先生方も褒めてくださいました。

愛らしい牡丹と
瑞々しい青楓。
季節を先取る
練り切りが完成

憧れの練り切り作り。
繊細な作業に思わず没頭

1.白玉粉に上白糖と水を入れて滑らかになるまで練ったものを、電子レンジにかけてぎゅうひを作る。市販の白あんもボウルに入れて電子レンジにかけ、ぎゅうひも加えて熱いうちによく練り混ぜ、最後に再び電子レンジにかけて練り切りのベースが完成。出来上がった練り切りを小分けにして乾いた木のまな板に並べて冷ます。300gの練り切りで9〜10個分ができる。 **2**.ピンクに着色した練り切りをベースの練り切りで包み、つぶすことで優しい色合いに見える。この手法を「包みぼかし」という。

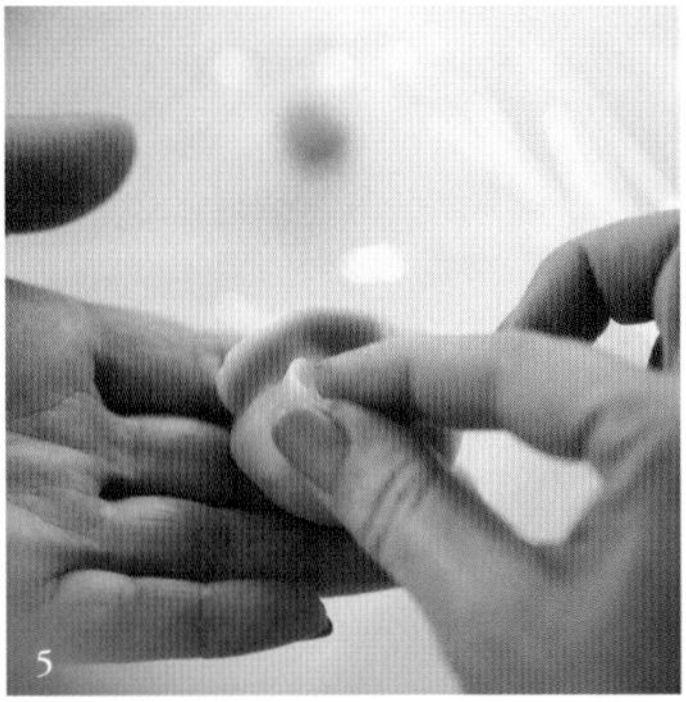

広げた淡いピンクの練り切りに丸めたあんをのせて芯にする。**3**.卵形（茹で卵で代用可能）で窪みをつける。**4**.三角柱状の木型を使っててっぺんに向けて3本の線を入れていく。これが花びらになる。**5**.線を入れた部分を指先で花びらになるよう立体的に仕上げていく。**6**.花の中心になる「しべ」を作る。黄色に着色した練り切りを裏ごし器に下から上にかける。**7**.5でできた牡丹の花の中心に「しべ」を置く。**8**.竹のささらで花びらの外側に軽く線をつけて風合いを出して完成。

TSUBAKIで習う お正月アレンジ

まさに和洋折衷の雰囲気漂う
正月飾りを丁寧に作り上げて

TSUBAKI・山下さんの作る自然の洗練美が際立つアレンジが好きで、以前から気になる存在でした。今回、念願叶って、緑がいっぱいのアトリエでお正月飾りを教えていただくことに。シンプルでどこかモダンな雰囲気もあるお手本は、まさに理想の形。でもそれを細い荒縄一本から作ると聞いてびっくり！ 本当にひとりでできるのかと一瞬不安になりましたが、始めてみると意外にも自然のままの荒縄は手に心地よい。ぐいぐいと締め上げていくので、結構、力も必要です。丸い輪を形作って、そこに松葉や稲穂、南天、苔のような深い青緑が私好みのヒカゲノカズラをあしらえば完成。出来上がったのは伝統的なモチーフを使った、クラシックでいながらエターナルな雰囲気。和室がない家にもぴったりなのがすごい！ 外ではもったいないので、玄関を入ったところに飾ろうかと。これで気持ちよくお正月が迎えられます。

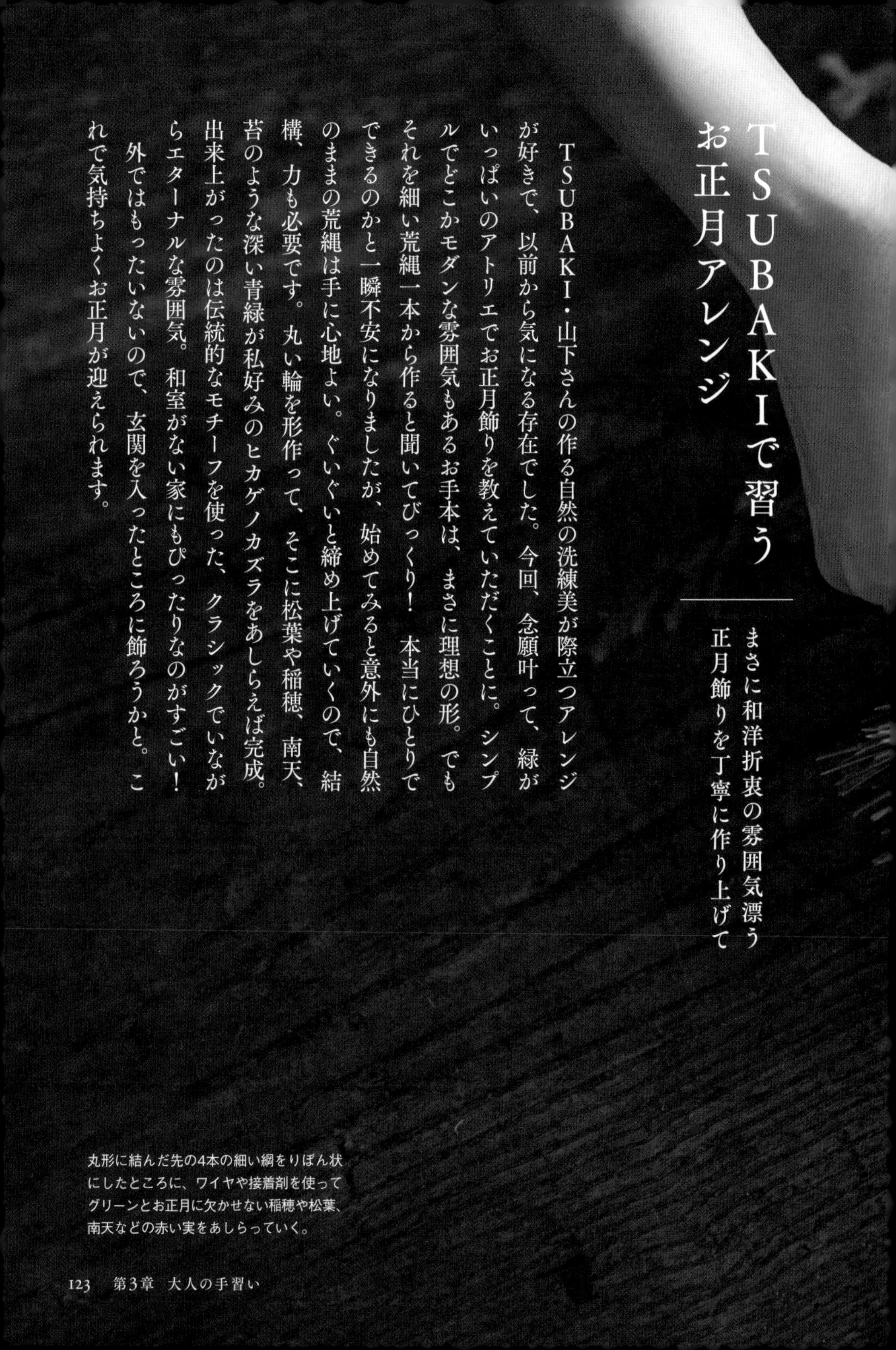

丸形に結んだ先の4本の細い綱をりぼん状にしたところに、ワイヤや接着剤を使ってグリーンとお正月に欠かせない稲穂や松葉、南天などの赤い実をあしらっていく。

1　正月飾りに使う素材。ホームセンターなどで買える細めの荒縄に、正月らしい松葉、稲穂、南天桐。垂れさがる部分には常緑が永遠を意味するヒカゲノカズラを。

2　ホームセンターで気軽に買える荒縄を使って作る。4本束ねたところを、端からぐるぐると巻きつけて、しっかりと太い縄にしていく。ゆるまないようにしっかりと。

3　端まできれいに巻きつけたら、縄の両端から引っ張ってしっかりと締め上げる。かなりの力が必要なので、ふたりがかりで。思いっきり引っ張り合う様子は綱引きのよう（笑）。

4　一本になった綱を丸く形作り、端に伸びた4本を結んでしっかりと固定する。これでお飾りのメインになる部分が完成。飛び出た余分なわらをはさみで切ってきれいに処理する。

出来上がった正月飾り。青々としたヒカゲノカズラ、伝統的に正月に親しまれてきた稲穂や松葉、南天の赤い実が気分を盛り上げてシンプルでいながら華やか。どこかモダンな雰囲気もあるので、マンションのドアに飾ってもしっくりと馴染む。

釜浅商店で「金物磨き」

没頭して無心になる時間は
ストレス発散になりそう

今から10年ほど前に購入して以来、我が家で愛用しているのが釜浅商店の銅製のやかんと大鍋。やかんは使い込むうちに深い色になって歴史を感じさせる風合いになり、大鍋は内側が剥げてきたので、苔を置いたり水を張って水草を浮かべたり、第2の人生？を歩んでいました（笑）。今回、そのルーツである釜浅商店でお手入れを教えていただくことになり、合羽橋のお店に伺いました。用意していただいたのは、ソースにケチャップ、レモンなど家庭にあるものばかり。ちょっとしたコツと優しく丁寧に磨くことで、みるみるうちに元の美しい銅色に戻っていきます。くすんだ色の下から〝釜浅〟という文字が現れた時にはびっくりするやら感動するやら。これはクセになりそう。これからはこまめに自宅でも、楽しくお手入れできそうです。

銅製品のお手入れには
身の回りにある酸と塩を使って

表面が酸化して色が変わった銅製品を磨くのに必要なのは酸と塩。料理道具の場合、市販されている専用の磨き粉ではなく、酸と塩を含んで粘着性もあるソースやケチャップを塗って柔らかなスポンジで優しく磨くのがおすすめ。またレモンに塩をつけて磨いても驚くほど効果が高い。

10年分の酸化が一瞬で落ちるなんて！ と驚く孝美さん。やかんは製造中止の貴重な商品。長く使っていきたいと思っていたそう。

プチ不調に私だけのアロマを

心身をときほぐす
〝自分だけの香り〟の力を
借りて元気になる

40代にはお風呂に数滴たらしたり、部屋に置いて楽しんでいたアロマオイルですが、なぜか香りが鼻につき、無になりたくてここ数年離れていたんです。それが不思議なことにまた気になり始め、改めてアロマのことを知りたくなり、カラーズ ラボラトリーを訪れてみました。自律神経の数値を測ることから始めて、自分好みの香りに仕上げていく過程を体験。元々ゼラニウムやローズマリーなどのすっきり系が好きでしたが、気になっていたレモングラスがふさわしいと聞いてびっくり。そして出来上がった香りを嗅ぐことで機能年齢が29歳相当になったことにもまたびっくり。まさかこんなに嗅覚が大切だったとは。同行したスタッフみんなも漂う香りを嗅いでいただけで元気になっていました（笑）。今回できた香りは自分の好きなしゃっきり系に濃さが加わって一歩進んだような気が。まずは寝室に置いてリラックス効果を楽しみたいと思います。

気になる香りは
自分にとって〝必要な香り〟

純度の高い精油を、体の状態や香りの好みに合わせて、自分だけのアロマに調合していきます。孝美さんは「楽しい！」と思わず笑顔。できたアロマは、ディフューザーとして持ち帰りができ、家でも楽しめます。

まずは今の自分の状態を知るのが第一歩。測定器で自律神経の数値を測り、その結果に合わせ、植物療法士の方の説明を受けながら、自律神経のバランスや機能性を整える3〜4種類の精油を調合していきます。

Echeveria

多肉植物と暮らす

多肉植物のことを改めて学び、ますます気になる存在に

植物なのに、まるでオブジェのような、どこかエキゾチックなそのルックス。セレクトショップで見かけて可愛くて興味を持ち始めたのが多肉植物です。試しに買ってみたのはいいのですが、いつの間にか枯れさせてしまったので、改めて正しい育て方を教えてもらいたいと、先生と一緒に、これも多肉に詳しいお友達から教えてもらったオザキフラワーパークを訪れました。多肉植物コーナーに足を踏み込むと、まずその種類の豊富さに圧倒されます。八重咲きのもの、毛がフワフワのもの、花がついているものも。一つずつ表情が違うのでいくら見ていても飽きません。同じ多肉でも水が必要なものと、それほど必要ないものとその性質はさまざま。それさえ理解すれば憧れの寄せ植えも実現できるとのこと。その魅力を知って、小さくてもいいから多肉用の温室が作れたらなぁと夢は広がるばかりです。

多肉がずらりと並ぶ様子は壮観。その魅力について学びます

多肉コーナーで実際に手に取りながら、フラワーアーティスト・束花さんにレクチャーしていただく。「多肉を始めるのに春の時期はぴったり。元々は丈夫なものだから、神経質になりすぎなくても大丈夫。水の量だけ気をつけてくださいね」。

右ページ／多肉植物のなかでも最もポピュラーなのが八重咲き系のエケベリア。ロゼット状に広がる姿が可愛らしい多肉です。水やりも少なくてよく、比較的丈夫なので育てやすい品種です。

手作りで楽しむ 私だけのキャンドル

本格的なキャンドル作り。作る過程もすごく楽しい

湿気が気になる季節、部屋のにおいが気になった時、お掃除したあとなどにアロマキャンドルをたくと気分転換になります。それにロマンティックな気分ではないけれど（笑）、漂う香りとゆらゆらと揺らぐ火を眺めていると落ち着きます。とはいえ、きつい香りは苦手なので、ユーカリやレモングラスなどのハーブ系のものを選んでいます。たまたま前を通りかかって、気になっていたこのお店でキャンドル作りのレッスンをしているのを知って、今回申し込んでみました。1時間半ほどのレッスンで本格的なキャンドルが出来上がることに感激。実際にレッスンを受けてみて感じたのは、ただ溶かして固めればいいと思っていたので、意外に温度管理なども繊細でびっくり。キレイな色やハーブを混ぜるとすごく可愛い！　お菓子作りは苦手だけれど、これならできそうです。次はグラデーション状になった長い筒状のものにトライしてみたい。キャンドル作りの魅力にすっかりハマってしまいました。

2種類を組み合わせた グラスキャンドルが完成

小さなグラスの中に香りをつけたソイキャンドルとドライハーブキャンドルを入れたアロマキャンドルが完成。「イメージどおりにこんなに簡単にできるなんて嬉しい。どこに飾ろうかな」。

だんだんと
出来上がっていく
過程にも
すごくワクワク

フレグランスオイルとドライハーブの２種類を組み合わせたソイのグラスキャンドル。最後に芯の長さを調節して完成。家で飾るのはもちろん、さりげなく使えるサイズだから、プレゼントにしてもよさそうです。

手習いの協力店と先生たち

苔玉
[P.108]

原 由美さん

モデルとして活躍する傍ら、6年ほど前から苔玉作りに興味を持ち、楽しむうちに趣味がこうじて自宅でプライベート方式の苔玉教室を開催するように。紹介制です。

リビエラ サロン

丁寧な日々の暮らしを彩るワークショップを、リビエラ東京（池袋）やリビエラ逗子マリーナにて行う少人数のサロン。原さんの苔玉教室も不定期で開催。

問い合わせはrivierasalon@riviera.co.jpまで。

パテ・ド・カンパーニュ
[P.112]

荻野伸也シェフ

池尻大橋の路地裏にある、予約の取れないレストランとして知られるレストラン オギノのオーナーシェフ。ジビエをはじめとする肉料理名人として名を馳せる。最近では生産者との密な交流により、野菜料理にも力を入れている。

レストラン オギノ

東京都世田谷区池尻2-20-9 1F
㊥ランチ（土日祝のみ）11:30〜15:00 ディナー18:00〜23:00　月休　本格的な味を自宅でも楽しめるデリをエキュート品川、湘南T-SITE内に出店。https://french-ogino.com

---

年越しリース
[P.116]

宮﨑慎子さん

花屋店長を経験し、単身渡仏後セラヴィを立ち上げる。植物ハウスのようなアトリエで、ナチュラルなスタイルを主としたレッスンを主宰。植物全般のプロデュース、イベント装花を手掛ける。

セラヴィ

使われなくなった温室を再生して始めたお教室。イベント装飾からブライダル・ガーデンまで幅広い空間プロデュースを手掛け、現在では様々なレンタルスペースとして活用。

千葉県船橋市飯山満町2-691-10　www.n-cestlavie.info

練り切り
[P.118]

ユイミコさん

2005年東京製菓学校を卒業したのち、それぞれ和菓子店での勤務を経て、2008年より「ユイミコ」としての活動を開始。巣鴨にアトリエを構え教室を開催する他、世田谷、青山など各地でも和菓子教室を開催。2020年6月出版の新刊『ユイミコの和スイーツ』（世界文化社）が好評発売中。和菓子を気軽に楽しんでもらうための活動をしてる。

ユイミコアトリエ

東京都豊島区巣鴨1-41-3 NEST YS 1F　www.yuimico.com/

お正月アレンジ

[P.122]

山下郁子さん

植物で唯一無二の存在感を作り出すTSUBAKI主宰。数々のメゾンブランドのイベントやメディアで活躍。2020年より旬の花の定期便「季節の花だより」を開始。

TSUBAKI

築40年の倉庫をリノベーションしたアトリエで山下郁子さんが夫と営む完全予約制の店。ゲストと緻密に相談を重ね、ふさわしい草木を求めてさまざまな場所を訪ねるスタイル。

https://tsubaki-tokyo.jp

金物磨き

[P.126]

釜浅商店

浅草合羽橋にある明治41年創業の料理道具店。すべてにこだわりありの品揃えが魅力。2018年5月にはパリにも店舗がオープン。

東京都台東区松が谷2-24-1　☎03-3841-9355

アロマ

[P.128]

カラーズ ラボラトリー

青山・骨董通りにあるザ パブリック オーガニックなどオーガニックコスメを展開するカラーズの専門ラボ。アロマ作りイベントは不定期開催。公式インスタグラムで案内。

Instagram:@thepublicorganicofficial

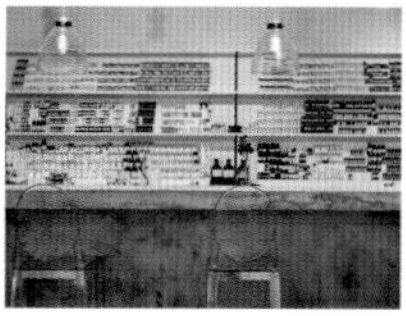

多肉植物

[P.130]

東花智衣子さん

フラワーアーティスト。オーダーメイドのアレンジメントや「北欧、暮らしの道具店」にてコンテンツや商品製作、監修などフリーランスで活躍中。多肉植物にも詳しく、育て方などのコンテンツも。

オザキフラワーパーク

孝美さんが知人から勧められ、以前から気になっていた都内最大級のフラワーショップ。ショップ内にはカフェも併設され、一日中過ごせる空間となっています。

東京都練馬区石神井台4-6-32　☎03-3929-0544

https://ozaki-flowerpark.co.jp/

アロマキャンドル

[P.132]

JCA キャンドルスタジオ 東京本校

日本キャンドル協会直営。東京都港区南青山4-25-12

☎03-5656-1927　㊒10:00～21:00　木休

https://candle-studio.jp Instagram:@jca_candle_studio

第4章

愛すべき雑貨

「偏愛」という言葉がいちばんしっくり。
好きになるととことん集めてしまう雑貨。
一つ一つ揃っていくたびに、
心までワクワク、満たされていくような感覚。
それをまわりの皆と
共有する喜びもまた格別です。

今だからこそわかる雑貨の魅力

もう好きになるときりがないのが雑貨です。
雑貨と言ってもいろいろありますが、
とにかく小さいものが好きなんです。
そしてそこには自分なりの好みやルールがあって、
ただ飾るためだけのオブジェのようなものではなく、
大前提は実際に使えるということ。
切手やカード類、ぽち袋にお香立て、多肉植物……etc.
集めたものを愛でつつ、実際に使っていくのが楽しいんです。

特に切手は季節や行事などに因《ちな》むものを集めるのが好き。
さまざまな絵柄のものをコレクションして、
手紙やお祝いのカードなどに使うのですが、
カードの中身とリンクした時などは思わず、
にんまりしてしまいます。
完全に自己満足ですね（笑）。
あれもこれもではなく、
本当に自分の感性に合ったものだけにこだわっているので、
出合った時の喜びはひとしお。
それだけにしまい込んだりせず、
せっせと取り出して
どんどん使うようにしています。

料理を彩る器と調理道具

日々の食事作りに欠かせないのが使い勝手のいい調理道具。一点投入するだけでぐんと華やかになる大皿や、テーブルまわりやインテリアを彩ってくれるお盆も私の暮らしには欠かせません。調理道具のこだわりはまずは、収納しやすいこと。キッチンはスペースに限りがあるので、あまりものを増やしたくない。ごちゃごちゃするのが嫌いなので、シンプルなものが中心です。素材は自然と木やステンレス、真っ白な琺《ほう》瑯《ろう》などが集まりました。もう一つは使い方次第でいろいろ工夫できること。器やお盆との出合いはまさに一期一会。一点物も多いので買い物に行った際には常に気をつけて見るように。それぞれ、長く使えてだんだんと愛着が持てるものに囲まれているのが幸せです。

器探訪と お気に入りの 大皿と

お料理するのも好きなのですが
とにかく器が大好き

気になる器屋さんをのぞき、好みのものに出合った時のワクワク感はなんともいえないもの。いつものクセなのですが、私が惹かれるのは蓋付きのものや個性的な一点物など、一見何に使うとはいえない遊びのあるもの。今回伺ったのは最近の私の気分に合う3軒。千鳥さんは器の本で知ってからのぞいてみたかったお店。今まで男性的なお皿を選ぶことはありませんでしたが、一点取り入れることでいつもの食卓がぐんと新鮮に見違えることに気がつきました。北欧食器のキコは貴重なヴィンテージを実際に手に取って見られるのがすごい。15年来お世話になっているサボア・ヴィーブルは、いつ行っても欲しくなるものばかり。好みをわかってくださっているのでアドバイスも的確で、それがとてもありがたい。こうして足を運んで悩みながら選んだ器を家でどう使うか、その使い方を考えるのがまた楽しく胸躍るひとときなんです。

器探訪 1 QUICO

ぱっと目を引いたのがこのアラビアのカップとケーキ皿が一緒になったもの。カイ・フランクのデザインのなんともいえない絶妙な色合い。1960年代のものだからこの器もHERS世代なんですね。カップ&プレート各¥30,000

QUICO（キコ）／東京都渋谷区神宮前5-16-15　☎03-5464-0912
㊖12:00～20:00（日～19:00）火休　https://www.quico.jp

器探訪 2 SAVOIR VIVRE

黒のうるし小盆に横長の菊花皿と鉄絵の八角の小皿を組み合わせて贅沢なひとり膳仕立てに。Hakko皿盆のみ目9寸¥22,680 みかわち焼嘉久正窯 菊花長皿¥3,780 九谷青窯鉄絵アイヌ文小皿¥1,404

SAVOIR VIVRE（サボア・ヴィーブル）／東京都港区六本木5-17-1 AXISビル3F
☎ 03-3585-7365　(営)11:00〜19:00　水休（展覧会会期中は営業）

器探訪 3 千鳥 UTSUWA GALLERY

ちょうど作品展をやっていた松村英治さんの径37㎝はあるふち青の大皿¥10,800。お寿司を盛り込んだりサラダをわっと盛ったり、暑くなったら氷を浮かべて素麺を盛り付けるのも涼しげかなとイメージが広がります。

千鳥 UTSUWA GALLERY／東京都千代田区三崎町3-10-5 原島第二ビル201A ☎03-6906-8631 ㊟12:00～18:00 不定休 www.chidori.info

盛り付け

1

一点投入するだけでぐんと食卓が華やかになる

器探訪で購入したふち青の大皿を実際に使い始めてみました。シンプルでいながら涼しげで、夏にぴったり。まぜご飯を盛ったり、和菓子をのせたり、グリーンを飾って花器にしたりとアイデアが次々と湧いてきます。

盛り付け

2

デザートの盛り付けにも！瑞々しい麩まんじゅうを涼しげに

緑をぐるりと取り囲む美しい青緑色に合うと思って、麩嘉の麩まんじゅうを盛り付けてみたらぴったり。蔓のある葉ものをあしらったら、より涼しげで動きも出ました。

盛り付け 3

華やかな赤絵が滋味あふれる豆腐に映える

赤や金色の華やかな絵柄に惹かれて8年ほど前に購入した高橋芳宣さんの大皿。たっぷりとしたサイズは存在感抜群でありながら、豆腐料理などの地味なものでもしっくりまとまるので、ここぞという時に登場。

盛り付け 4

花器として使うなら
食べられる葉ものがしっくり収まる

松田百合子さんの大鉢は今から20年以上も前に大阪の有名なセレクトショップで出合ったもの。大胆なデザインと個性豊かな絵柄にひと目ぼれ。お値段もそれなりでしたが、思い切って購入しました。はっきりと個性が立っているので大ぶりな葉ものを生けてもサマになります。つわぶき（石蕗）や菜の花など、食べることができる葉ものが、器とも好相性だと思います。

暮らし彩るお盆

お気に入りのお盆を並べて銘々盆としてお出しします

丸や四角、塗り、白木、金属など素材や形が違うものでも、サイズを揃えることで銘々盆として利用することができます。お客様の時にお菓子とお茶をのせてサーブ。デザート皿は、きれいな色とどこかエキゾチックでオリエンタルな絵柄にひと目ぼれしたジノリ。

素材もサイズもばらばらですが愛用中のお気入りのお盆たち。50㎝以上ある大きなサイズのものはサイドテーブル的に使うことも。

楽に暮らせる調理道具

使いやすくてサイズ違いで揃えている土楽窯の土鍋

20年近く愛用しているのが土楽窯の土鍋。煮ものだけでなくごはんを炊いたり、ステーキを焼いたりとどんな料理にも対応してくれる強い味方。蒸す時には丸形の金網を置いてセイロのように。お肉や野菜と一緒に花巻も蒸してワンプレート感覚で楽しんでいます。

清潔に保てて、使いやすいスタンド型のまな板セット

辰巳芳子さん推奨の「ちいさなまな板」。小さめのまな板が4枚セットになっているので、臭いのつきやすい魚や肉を分けることができる。場所を取る収納も立てておけるので、乾かす手間が省ける。スペアが用意されているのも親切です。SD企画設計研究所 http://www.yk.rim.or.jp/~4_5indij/

カリッ、ふわっの焼き上がりに感動すること間違いなし

ガスコンロで手軽に網焼きができる辻和金網の「足付焼網」。目の細かい「焼網受」とセットにすることで、ガスの直火を和らげ熱をまんべんなく広げてくれる。パンやお餅を焼けば外はカリッと中はふんわりの食感に。足は折りたたみ式。http://www.tujiwa-kanaami.com

私を癒す家グッズとこだわり小物

家でゆったりとくつろぐ時間はとても贅沢な気持ちになれるものです。心を落ち着かせて、お気に入りの香りをゆっくりと楽しんだり、ぽかぽかと体が温まるお茶を飲みながら、肌触りのいいラグやリネンに身を委ねてみたり。今の自分の状態を確認しながら、温めたり、潤いを足したり。明日の自分をより豊かな自分にするために、たっぷりと自分時間を味わいます。夏の外出の際の相棒、傘や扇子もそれ自体にストーリーがあって自分が納得のいくこだわりのものを。大人になってからの豊かな時間は、私にとって、愛してやまない雑貨から生まれているのだとつくづく感じています。

涼を呼ぶ夏小物

持つだけで優雅な気分になれる上質素材の扇子を一本ずつ

伊勢丹の催事で出合った宮脇賣扇庵の白檀と象牙の組み合わせの扇子がハマるきっかけに。親骨が黄色のフレンチリネンと和紙、黒檀とえんじの桂はすべて坂田文助商店のもの。加藤萬の扇子入れと扇子の色に合わせたリボンはともにスパイラルで購入。

左から、六本木ヒルズ内にある「ハンウェイ」で購入した茶色の日傘には有職組紐「道明」の魚のモチーフ魚佩（ぎょはい）を下げた組紐をあしらって。豹柄の傘は30年も前に大阪の舶来品屋さんで。どちらも同じ作りのバンブーの持ち手なのが興味深い。

紫外線が強い季節は
涼しい日陰を作ってくれる日傘が欠かせません

奈良にある横田洋傘店（現在閉店）で祖母の着物をリメイクしてもらった一本は、どこかノスタルジックな雰囲気がお気に入りです。

香り遊び

緑茶を炙った芳ばしい香りにリビングが落ち着いた雰囲気に

耐熱ガラス製の茶香炉はネットで見つけたお茶畑工房 茶和家 木村園のもの。ろうそくで緑茶を炙るうちに芳ばしい香りが立ち上ります。お茶の色が緑から茶色に変われば煎茶からほうじ茶に変身。香りを楽しんだあとはほうじ茶としていただきます。

旅先でも好きな香りが楽しめる携帯用のお香セット

小さな竹製の箱に金属製のお香立てと灰掃除用の刷毛、お香がセットされて専用のきんちゃく袋に入った懐中香箱は、松榮堂のもの。見た目の可愛らしさに惹かれて迷わず購入。気軽に持ち運べますし、旅先のホテルの部屋でも自分の好きな香りを焚くことでゆったりと落ち着くことができます。

町全域がユネスコエコパークに指定された三重県大台町にある清流宮川の水源地、大杉谷に育った杉やヒノキなどの自然の恵みをそのまま活用したエッセンシャルオイル、スプレー、アロマウォーターなどのラインナップが揃う「森の彩」。まるで森林浴しているかのような気持ちよさ。※写真の商品は販売休止。現在は、「Odai」として新たなブランドとして販売中。http://voice-odai.jp/

サンタ・マリア・ノヴェッラのハーブウォーターは爽やかなミントを愛用。コットンにたっぷりと染み込ませて保存用袋に入れて持ち歩き、フレッシュナー代わりに。いつでもすっきりとリフレッシュできるのが魅力です。

温活

大好きな山椒を紅茶に加えたら不思議なほどしっくり合う

コーヒーより紅茶派の孝美さん。カットしたオレンジに紅茶を注ぎ、クローブやシナモンに加えて山椒の辛みが効いた、からす山椒はちみつをたらり。最後に粉山椒もぱらりとかけたら新種のハーブティーが完成。山椒の香りも爽やかで、ひと口飲めば体の芯からぽかぽかと温まるおすすめの飲み方。

お風呂で温まりながら、おうちでスパ気分を満喫

ジョルダニアン デッドシー ソルトとマッサージウォーター。深層死海水のバスソルト入りの湯船に浸かれば湯上がりもぽかぽか。マッサージウォーターはオイルのようにとろみのあるテクスチャーで肌にのせるとほんのり温か。マッサージすれば凝りもとれてすっきり。

表も静かになる年の瀬、年明けは何もしない贅沢を味わいたい

お籠りしたい時についつい腰を下ろしてしまうのが孝美さんのおじいさまから譲り受けた、革張りのイームズ、アームチェア。裏の刻印を調べてみるとなんと1976年製の国産だということがわかりました。包み込むようなフォルムは座り心地も満点。ゴットランドのシープスキンラグを敷いたらさらにぬくぬく暖かです。染色を施すことなく仕上げたシープスキンは、暖かいだけでなく吸湿性、放湿性にも優れているそう。
ゴットランドシープ ラグ スーパプレミアム¥120,000
ゴットランドデザイン https://gotland-design.com

暖かく極上の肌触りのカシミアソックスを家の中ではく心地よさ

私が愛用している「カシミアシルクソックス」は、世界の有名メゾンの靴下を作っている老舗ファクトリーで作られたもの。最高級の糸をハイゲージで編んでおり、肌に当たった時の感触が溶け込むようにしっとりとしています。はいているだけで癒されるんです。日常でも可愛くはけるシックさとおしゃれさを兼ね備えたデザインが揃っているのも嬉しい限り。(ツートーン) カシミアシルク ハイソックス¥9,350(税込) (ワントーン) カシミア リブハイソックス¥16,060(税込) W&FW http://wandfw.com

保湿生活で潤い肌

タンスに眠っているカシミアのストールをベッドリネンに利用

使わなくなったカシミアのストールを枕カバーの上に敷くとコットンやリネンよりも肌触りがしっとり柔らかで乾燥を防ぐことができます。枕と同じように、掛け布団の肩口の部分に重ねるのも暖かくて気持ちがいい。薄手のパシュミナなどもおすすめ。

化粧水をつけるのを忘れるほどしっとり潤う美容水シャワー

ヘア＆メークアップアーティストの小澤実和さんから教えてもらった水道水を美容水に変えることができるシャワーヘッド。粒子を細かくすることでお湯が柔らかく感じられて、髪も肌もしっとり潤うのを実感できます。美容水シャワーヘッドオーブル https://www.mtgec.jp

アームウォーマーで冷え防止と保湿の両方を実践します

家にいる時は寝る時も、夏以外はウール系のアームウォーマーをして保湿と保温を心がけています。クリームを塗ってからつけるのがポイント。手袋だと暑苦しくなるけれど、指先が出ているので作業もしやすくて便利です。春先は薄手のコットンカシミアが気持ちいい。

孝美さん愛用のしっとりと肌触りのいいコットンカシミア製のアームウォーマー。冬場は厚手のものを、春先には薄手にして調節しているそう。色はシックなグレーやネイビーを。ネットなどで購入可能。

2

1

Column

5

小さくて可愛いもの

改めて写真を見返してみると、
ここにも、そこにもあそこにも（笑）。
小さくても存在感のある
おもしろ可愛い小物がちらりちらり。
シックでシンプルなものも好きだけど、
基本私の心はこちら寄り。
日常生活では必要がないかも
しれないけれど、
生活を豊かにしてくれる。
まだまだ集めたい。

4

1.5年程前に古物店で購入した犬の燭台。可愛い後ろ姿に惹かれて。**2.**蝶々の鍋敷き。渋めのゴールドと繊細な細工がお気に入り。**3.**ヘレンドのシノワズリシリーズの唐子。可愛いのにチープにならないのが魅力。**4.**百貨店のアンティークフェアで購入したクリスタルのクモ。インテリアにちょっとの毒っ気が欲しい時に。

3

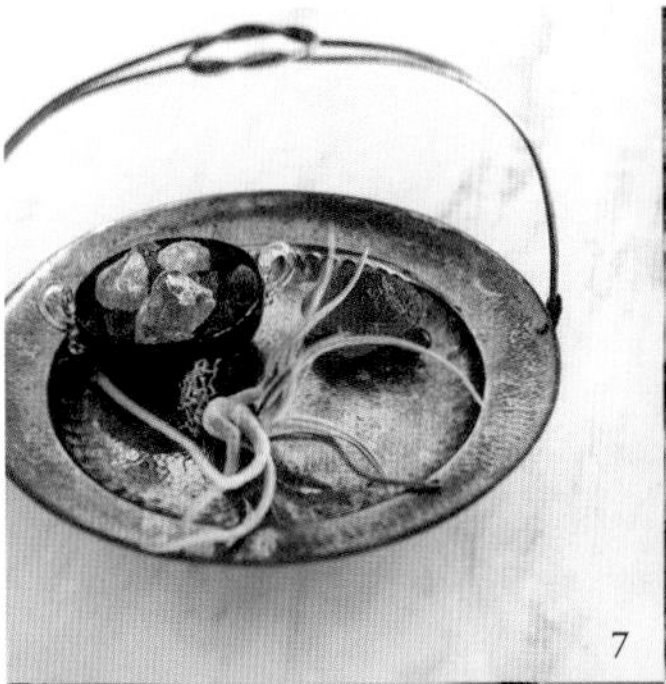

7

6

5

8

5.竜のお香立ては錫製品で有名な能作のもの。口にくわえさせた様子がどこかユーモラス。**6.**グリーンにもひと工夫。エアプランツとフラガールでオールドハワイっぽい配色が気分。**7.**ラリックのクリスタル製の亀の置物。色合いが渋くて格好いい。**8.**ハンカチを使うたび、遊び心たっぷりのワンポイントににんまり。htokyo.com。

11

10

9

9.自分の干支の蛇を探し始めたのがきっかけで集めるように。このサルのお香立ては神保町で。**10.**お客様も笑顔になる、雑貨店で購入した人形の置物。**11.**手紙にもユーモアを。キッチュな付箋＆文具。**12.**元々はエスカルゴを食べるためのフォークをオブジェとして。**13.**愛用のしおり型虫眼鏡もタッセルでおしゃれに。

13

12

Dieter Rams:

おわりに

4年にわたる連載をまとめたこの本を出すにあたり、
改めてこれまでの内容を見返してみました。
いちばんよかったのは
自分の好きなものが明確になり、
頭の中の整理になったこと。
これまで日記など、
記録してきたことはなかったので、
四季を通して

日々の暮らしで実践していること、
その時々に興味を持っているものを
深掘りできたのは
とても幸せなことでした。
時には専門家の方々の力を借りつつ、
楽しみながら学んだあれこれ。
今年は思いもかけない事態になり、
ステイホームという生活形態に。
家にいる比重が多くなってきている今、
毎日の生活の中の
ささやかな楽しみのお役に少しでも立てたら
これほど嬉しいことはありません。

松本孝美（まつもと たかみ）
モデルとして時代をリードする様々なCFを飾り、
現在もファッション誌や広告で活躍中。
服や小物のリメイク、料理などに造詣が深く、
常にアイディアに富んでいる。
自然体で丁寧に楽しむ暮らしは憧れの的。
Instagram：@t_mimi1414

STAFF
撮影／須藤敬一、嶋野 旭［P.130～P.131］
福本和洋［P.116～P.117、P.126～P.127、P.132～P.133］
ヘア＆メーク／小澤実和、川村友子
調理アシスタント／木立尚子
編集協力／志摩有子
レシピ校正／池田かおり
装丁・デザイン／内藤美歌子〈VERSO〉
編集／中山佳奈子

HERS BOOKS
暮《く》らし彩《いろど》る「大人《おとな》のままごと」

2020年9月20日　初版第1刷発行

著　者　松本《まつもと》孝《たか》美《み》

発行者　平山 宏
発行所　株式会社 光文社
〒112-8011　東京都文京区音羽1-16-6
電話　編集部 03-5395-8234
書籍販売部 03-5395-8112
業務部 03-5395-8125

印刷・製本　共同印刷株式会社

この本を読んでのご意見・ご感想をお聞かせください。
hers-web@kobunsha.com

ISBN978-4-334-95173-3